OS 5 PASSOS DO AMOR

WILLARD F. HARLEY JR.

OS 5 PASSOS DO AMOR

Tudo o que você precisa saber (e fazer)
para tornar seu relacionamento duradouro

TRADUÇÃO
ANDRÉ LIMA

NOVO CÉU

Título original: *Five Steps to Romantic Love*

Copyright © 1993, 2002, 2009 by Willard F. Harley Jr.

Publicado originalmente com o título *Five Steps to Romantic Love* pela Revell, uma divisão do Baker Publishing Group, sediado em Grand Rapids, Michigan, 49516, U.S.A. Todos os direitos reservados.

Direitos de edição da obra em língua portuguesa no Brasil adquiridos pela Novo Céu, selo da EDITORA NOVA FRONTEIRA PARTICIPAÇÕES S.A. Todos os direitos reservados. Nenhuma parte desta obra pode ser apropriada e estocada em sistema de banco de dados ou processo similar, em qualquer forma ou meio, seja eletrônico, de fotocópia, gravação etc., sem a permissão do detentor do copirraite.

EDITORA NOVA FRONTEIRA PARTICIPAÇÕES S.A.
Rua Candelária, 60 — 7.º andar — Centro — 20091-020
Rio de Janeiro — RJ — Brasil
Tel.: (21) 3882-8200

Dados Internacionais de Catalogação na Publicação (CIP)

H285c   Harley Jr., Willard F.
        Os 5 passos do amor: tudo o que você precisa saber (e fazer) para tornar seu relacionamento duradouro/Willard F. Harley Jr.; traduzido por André Lima. – Rio de Janeiro: Novo Céu, 2022.
        224p.; 15,5 x 23 cm

        Título original: *Five Steps to Romantic Love*
        ISBN: 978-65-84786-03-5

        1. Virtudes e valores. I. Lima, André. II. Título.
                                              CDD: 179.9
                                              CDU: 173

André Queiroz – CRB-4/2242

Conheça nosso site:

SUMÁRIO

Introdução 9

PASSO 1 – ASSUMINDO O COMPROMISSO DE CONSTRUIR O AMOR 13
    Acordo para atender às necessidades emocionais mais
importantes e superar hábitos destruidores do amor 17

**PASSO 2 – IDENTIFICANDO AS NECESSIDADES EMOCIONAIS
MAIS IMPORTANTES** 21
    Questionário de necessidades emocionais 22

**PASSO 3 – APRENDENDO A ATENDER ÀS NECESSIDADES EMOCIONAIS
MAIS IMPORTANTES** 31
    Aprendendo a atender à necessidade de afeição 33
        • Inventário de afeição 35
        • Estratégia para atender à necessidade de afeição 37
        • Planilha de afeição 39
    Aprendendo a atender à necessidade de conversa íntima 41
        • Inventário de amigos e inimigos da conversa íntima 44
        • Estratégia para atender à necessidade de conversa íntima 46
        • Planilha de amigos e inimigos da conversa íntima 48
    Aprendendo a atender à necessidade de satisfação sexual 51
        • Inventário de experiência sexual 53
        • Estratégia para descobrir os cinco estágios da experiência sexual 58

- Planilha de experiência sexual 59
- Inventário de satisfação sexual 61
- Estratégia para atender à necessidade de satisfação sexual 63
- Planilha de satisfação sexual 65

Aprendendo a atender à necessidade de companhia para atividades de lazer 67
- Inventário de satisfação nas atividades de lazer 70
- Estratégia para atender à necessidade de companhia para atividades de lazer...72
- Planilha de companhia para atividades de lazer 73

Aprendendo a dedicar tempo para atenção exclusiva 75
- Planilha de tempo de atenção exclusiva... 77
- Gráfico de tempo de atenção exclusiva 79

Aprendendo a atender à necessidade de honestidade e transparência 80
- Inventário de honestidade e transparência 81
- Estratégia para se tornar honesto e transparente 83
- Planilha de honestidade e transparência 85

Aprendendo a atender à necessidade de atratividade física 87
- Inventário de aparência física 89
- Estratégia para atender à necessidade de atração física 90

Aprendendo a atender à necessidade de apoio financeiro 91
- Inventário de apoio financeiro: orçamento de necessidades e desejos 94
- Estratégia para atender à necessidade de apoio financeiro 98

Aprendendo a atender à necessidade de suporte doméstico 100
- Inventário de responsabilidades domésticas 102
- Responsabilidades domésticas dele 103
- Responsabilidades domésticas dela 104

Aprendendo a atender à necessidade de comprometimento familiar 105
- Inventário de comprometimento familiar 107
- Estratégia para atender à necessidade de comprometimento familiar 109
- Planilha de tempo de qualidade em família 111
- Gráfico de tempo de qualidade em família 113

Aprendendo a atender à necessidade de admiração e valorização 114
- Inventário de admiração e valorização 115
- Estratégia para atender à necessidade de admiração e valorização 117
- Planilha de admiração e valorização 119

PASSO 4 – IDENTIFICANDO HÁBITOS DESTRUIDORES DO AMOR 121
Questionário de hábitos destruidores do amor 123

PASSO 5 – SUPERANDO HÁBITOS DESTRUIDORES DO AMOR 131
Superando exigências egoístas 133
- Inventário de exigências egoístas 135
- Estratégia para substituir exigências egoístas por pedidos conscientes 137
- Inventário de diretrizes para fazer pedidos conscientes 139
- Planilha de exigências egoístas 141
- Planilha de pedidos conscientes 143

Superando julgamentos desrespeitosos 145
- Inventário de julgamentos desrespeitosos 147
- Estratégia para substituir julgamentos desrespeitosos por persuasão respeitosa 149
- Inventário de diretrizes para persuasão respeitosa 151
- Planilha de julgamentos respeitosos 153
- Planilha de persuasão respeitosa 155

Superando rompantes de raiva 157
- Inventário de rompantes de raiva 159
- Estratégia para superar rompantes de raiva 161
- Planilha de rompantes de raiva 164

Superando a desonestidade 166
- Inventário de desonestidade 168
- Estratégia para superar a desonestidade 170
- Planilha de desonestidade 172

Superando hábitos irritantes 174
- Inventário de hábitos irritantes: primeira parte 176
- Inventário de hábitos irritantes: segunda parte 177

- Estratégia para superar hábitos irritantes 179
- Planilha de hábitos irritantes 181

Superando o comportamento independente 183
- Prática de resolução dos cinco problemas
  mais comuns no casamento 186
- Solucionando seus conflitos não resolvidos
  utilizando a política de acordo mútuo e as
  quatro diretrizes para uma negociação de sucesso 197
- Planilha de negociação matrimonial 202
- Possíveis soluções para conflitos práticos 205

COMO ENCONTRAR UM BOM CONSELHEIRO MATRIMONIAL 209

INTRODUÇÃO

O AMOR DE UM CASAL PODE DURAR A VIDA TODA SE AMBOS SEGUIREM duas regras: (1) atender às necessidades emocionais mais importantes de cada um e (2) evitar machucar um ao outro. Simples assim. Escrevi *His Needs, Her Needs* a fim de ajudar casais a cumprir a primeira regra: apreender a identificar e atender às necessidades emocionais mais importantes de cada um. Escrevi *Love Busters* pensando em ajudá-los a seguir a segunda regra: aprender a identificar e a eliminar hábitos destrutivos que podem levar à falência do relacionamento.

Estes dois livros, *His Needs, Her Needs* e *Love Busters*, contêm acordos, questionários, inventários, planilhas e outros formulários que costumo utilizar em terapias de casais. Mas, por conta de limitações de espaço, esses formulários são reduzidos e geralmente incompletos. Para atender à solicitação de muitos leitores por algo mais elaborado, compilamos este livro de exercícios.

Este livro contém não apenas os recursos descritos nos dois livros mencionados, mas também muitos outros concebidos para lhe ajudar a criar e a manter o tão valorizado amor romântico.

Esta obra agrega conteúdo atualizado dos dois livros já mencionados; a edição de 2022 de *His Needs, Her Needs*, bem como a edição de 2016 de *Love Busters*. Conforme esses formulários são introduzidos, vou indicando os capítulos desses livros que tratam dos assuntos aqui abordados de forma ainda mais reflexiva.

Agrupei os formulários em sequências de cinco passos. A sequência é sugerida no capítulo de abertura de *Love Busters*, mas este livro de exercícios deixa tudo ainda mais claro.

O primeiro passo para construir o amor é simplesmente comprometer-se — de forma intencional — em torná-lo realidade. Conquistas não são fruto do acaso. Deixar as coisas soltas cria problemas. Se desejam manter o amor aceso no casamento, é preciso, em primeiro lugar, que vocês se comprometam com esse propósito.

Para construir o amor, é preciso que o casal se comprometa a torná-lo realidade

Concebi o Acordo para Atender às Necessidades Emocionais Mais Importantes e Superar os Hábitos Destruidores do Amor com o objetivo de deixar bem claro tudo o que precisa ser feito para garantir que o amor prevaleça. Em síntese, esse formulário é o passaporte que lhe coloca a caminho dos quatro passos seguintes.

O segundo passo consiste em identificar as necessidades emocionais mais importantes. Quando essas necessidades são supridas, o amor está garantido. O Questionário de Necessidades Emocionais foi criado para ajudar o casal a identificar e expressar as necessidades emocionais mais importantes de cada um.

O terceiro passo para o amor é aprender como atender às necessidades identificadas no passo número dois. Em *His Needs, Her Needs*, vários capítulos (do terceiro ao décimo segundo) descrevem as 10 necessidades emocionais mais comuns, bem como alguns formulários que utilizo para ajudar os casais a supri-las. Esses formulários e muitos outros compõem esta seção do livro de exercícios.

Os formulários deste livro, com poucas exceções, são organizados em sequência lógica. Primeiro, comportamentos que provavelmente se encaixam nas necessidades de cada um são identificados em um inventário. Segundo, o plano para aprender a desenvolver os comportamentos que atendam às necessidades emocionais é documentado no formulário relacionado à estratégia. Em terceiro, o progresso rumo à conquista do objetivo é registrado em uma planilha.

O quarto passo diz respeito à identificação de hábitos que destroem o amor. Conforme eu explico logo no primeiro capítulo de *Love Busters*, é contraproducente dedicar-se a construir o amor se você persiste em hábitos nocivos que põem tudo a perder. Criei o Questionários de Hábitos Destruidores do Amor para lhe ajudar a identificar esses pontos vulneráveis. Ao completar esse questionário, você terá consciência se está incidindo nesses erros, e consequentemente destruindo seu relacionamento.

O quinto passo é a superação de hábitos destruidores do amor identificados no passo anterior. Mais especificamente são seis hábitos aqui abordados, a partir da descrição original no livro *Love Busters*, dos capítulos 4 ao 15. A maior parte dos formulários apresentados nessa seção é descrita nesses capítulos e foi criada para ajudar você a superar esses hábitos destrutivos de forma sistemática.

Existem três formulários para cada hábito destruidor. Primeiro, o inventário, que serve para identificar o problema. Em seguida vem o formulário para documentação da estratégia escolhida para combater o problema. Ao final, a planilha serve para documentar o processo rumo ao seu objetivo.

Este livro de exercícios vai lhe ajudar a (1) selar um compromisso para criar e manter o amor, (2) identificar as necessidades emocionais mais importantes, (3) aprender a atendê-las, (4) identificar hábitos que destroem o amor, e (5) superar esses hábitos destruidores.

Eu não acredito em "terapia de insight" (discernimento repentino) como um meio eficiente para a resolução de conflitos matrimoniais. Acredito em "terapia de ação". Insight é um bom começo, mas o que você faz, a atitude que toma, é o que de fato resolve o problema. Os formulários deste livro de exercícios são voltados para transformar insights em ações. Eles ajudam a identificar problemas conjugais e criar caminhos para resolvê-los. Se não conseguir criar uma estratégia que tenha a aprovação de seu cônjuge, ou se não for capaz de seguir seu próprio programa, como fica evidenciado pela incapacidade de completar as tarefas, então você precisará da orientação de um conselheiro matrimonial. A última seção deste livro de exercícios lhe ajudará a encontrar um bom conselheiro.

A maioria dos conflitos vêm à tona quando um cônjuge se nega a atender às necessidades emocionais do outro ou tenta ganhar à custa do outro, por meio de hábitos destruidores do amor. Por isso, a única maneira de preservar o amor e o casamento é aprender a acomodar os sentimentos de cada um, adotando visões e comportamentos que servem tanto para atender a anseios quanto para evitar mágoas e ressentimentos. Ao aprender a agir dessa forma, conflitos são resolvidos e o amor prevalece. Ao final deste livro, você encontrará uma série de exercícios que lhe condicionarão a resolver os seus conflitos da forma correta: segura e efetiva.

Siga estes *5 passos do amor* e você terá um casamento apaixonado e livre de aborrecimentos. Vale a pena o esforço!

Superar hábitos destrutivos é tão importante
quanto atender às necessidades do outro

PASSO I

ASSUMINDO O COMPROMISSO DE CONSTRUIR O AMOR

É UMA PENA QUE NOSSOS VOTOS MATRIMONIAIS SEJAM GERALMENTE TÃO vagos ou impossíveis de se cumprir. Votos matrimoniais deveriam conter compromissos reais e que, devidamente mantidos, assegurassem o sucesso do casamento. Sem objetivos claros e plausíveis, não surpreende que mais da metade dos casamentos terminem em divórcio e outro terço deles amargue um patamar de satisfação muito abaixo do esperado. Isso significa que apenas um de cada cinco casamentos é realmente bem-sucedido. Parte do problema está no fato de as pessoas entrarem no casamento sem objetivos definidos.

Elaborei um acordo matrimonial que deveria ser utilizado antes de se assumir esse compromisso tão crucial. Mas, se seus votos foram vagos e desprovidos de uma direção clara, não se desespere. Ainda há tempo para renovar o comprometimento em bases mais sólidas. Esse acordo foi concebido para que seu casamento possa representar tudo aquilo que você sempre sonhou: a continuidade do amor ao longo do tempo. Nesse acordo, você e seu cônjuge se comprometerão a fazer tudo o que for necessário para continuarem amando um ao outro pelo resto de suas vidas.

O amor é um sentimento incrível de atração por alguém, e esse sentimento está presente em praticamente todos os casamentos. Não faz sentido casar-se com alguém sem que haja paixão. Mas o amor é frágil e requer cuidado especial para não se apagar com o passar do tempo.

*O amor é frágil e requer cuidado
especial para não se apagar com o passar do tempo*

A melhor forma de explicar como funciona o mecanismo de ascensão e queda do amor é compará-lo a uma espécie de Banco de Amor. Todos temos um dentro de nós, registrando de maneira contínua a forma como as pessoas nos afetam emocionalmente. Quando alguém faz algo que nos leva a nos sentir bem, essa pessoa está fazendo depósitos no nosso Banco de Amor. Pais, irmãos, filhos e a maioria dos amigos depositam unidades de amor quando atendem às nossas necessidades emocionais, o que nos causa uma sensação de bem-estar. Gostamos de pessoas que tenham crédito nessas contas emocionais mantidas conosco.

Quando alguém atende às nossas necessidades emocionais mais importantes, uma grande quantidade é depositada na medida em que essa pessoa nos faz sentir maravilhosamente bem. Quando a conta do nosso Banco de Amor atinge um limite de, digamos, mil unidades, vivemos o que se convencionou chamar de amor romântico com aquela pessoa. Geralmente, esse patamar é atingido quando a pessoa do sexo oposto atende às nossas necessidades emocionais mais importantes.

Assim como ocorre com qualquer conta bancária, depósitos não representam a única transação possível no Banco de Amor. Podem ocorrer saques também. Quando alguém faz algo que nos deixa mal, essa pessoa está sacando unidades de amor. Se os depósitos sofrerem interrupção e as retiradas continuarem, a conta pode ficar negativa. Quando isso acontece, deixamos de gostar e até podemos passar a odiar a pessoa.

A maneira como nos sentimos em relação às pessoas depende do saldo da conta do Banco de Amor. Quando o saldo é altamente positivo, gostamos ou possivelmente amamos o titular desta conta. Quando o saldo é negativo, desgostamos ou até odiamos a pessoa.

É preciso levar em consideração que, quando falo sobre amor romântico, estou me referindo ao sentimento de atração. Entretanto, existe outro tipo de amor que eu chamo de "cuidado", que significa atender às necessidades ou levar os sentimentos de alguém em conta. Esse tipo de amor não depende necessariamente do saldo no Banco de Amor. Todos podemos amar alguém no sentido de cuidar, sem que para isso estejamos apaixonados ou emocionalmente atraídos. O amor que implica em "cuidado" é na realidade um comportamento que atende às necessidades de alguém. O amor romântico, por outro lado, é um sentimento que experimentamos quando alguém atende às nossas necessidades mais profundas.

Os dois conceitos, de amor romântico e de amor que cuida, estão presentes no casamento. Você cuida do seu cônjuge quando atende às suas necessidades emocionais mais importantes e ao evitar machucá-lo. Isso faz com que seu marido ou esposa sinta o amor romântico por você. Quando seu cônjuge demonstra o tipo de amor cuidador em relação a você, atende às suas necessidades, e evita comportamentos que causam mágoa, as condições para o amor romântico estão dadas.

Vejo o amor romântico como consequência de um teste decisivo representado pela nossa capacidade de cuidar do outro. Se cuidamos de forma efetiva, o amor romântico é seguro, porque estaremos depositando unidades de amor sem a contrapartida dos saques. Estaremos atendendo às necessidades emocionais mais importantes e evitando comportamentos nocivos. Quando o nosso cônjuge não sente mais amor romântico em relação a nós, isso significa que estamos falhando na tarefa de cuidar de forma apropriada.

Os dois capítulos iniciais de *His Needs, Her Needs* e de *Love Busters* proporcionam uma explicação mais detalhada sobre o que estou expondo. O ponto principal é que, se você deseja viver o amor romântico, precisa necessariamente atender às necessidades emocionais mais importantes da outra pessoa, além de evitar machucá-la. Ou, dito de outra forma, é necessário cuidar um do outro.

O acordo matrimonial que eu recomendo conduz ao desenvolvimento do cuidado que sustenta o amor romântico. Ao desenvolver esse cuidado, você atenderá às necessidades emocionais mais importantes do seu cônjuge, além de evitar machucá-lo. Em outras palavras, você estará depositando unidades de amor ao invés de sacá-las. Essa é a base do amor romântico.

A primeira parte do acordo representa o comprometimento para identificação e atendimento das cinco necessidades emocionais mais importantes do seu cônjuge. Se ainda não leu *His Needs, Her Needs*, deveria ler pelo menos os capítulos 1, 2 e 15, além do apêndice A. O capítulo intitulado "Construindo o Amor Romântico ao Longo do Tempo", do livro *Love Busters*, também proporciona uma boa compreensão desse comprometimento.

Quem ama cuida.
Eis o mote que resume a receita de sucesso
de um casamento

A segunda parte do acordo representa o compromisso de evitar hábitos que causam a infelicidade do cônjuge, os quais chamei de hábitos destruidores do amor em *Love Busters* — escrito justamente para ajudar casais a identificar e a superar esses obstáculos. (É recomendável ler pelo menos os oito primeiros capítulos do livro, além da segunda parte do acordo que ele traz.)

Depois de ler o acordo matrimonial e de assiná-lo na presença de uma testemunha, você terá completado o primeiro passo para o amor, expresso no compromisso para a construção do chamado amor romântico. Trata-se, além disso, do comprometimento de seguir em frente rumo aos quatro passos subsequentes.

ACORDO PARA ATENDER ÀS NECESSIDADES EMOCIONAIS MAIS IMPORTANTES E SUPERAR HÁBITOS DESTRUIDORES DO AMOR

Este acordo está sendo celebrado no dia .... de .... de 20...., entre ...., doravante chamado "marido", e ...., doravante chamada "esposa", segundo o qual fica mutuamente acordado que:

1. Marido e esposa concordam em atender às necessidades emocionais mais importantes do cônjuge ao:
   A. Identificar as necessidades emocionais de cada um e selecionar pelo menos cinco que sejam mais importantes para o marido e cinco que sejam mais importantes para a esposa. Essas podem incluir algumas das seguintes:
   - Afeição: expressar amor em palavras, cartões, presentes, abraços, beijos e cortesias, criando um ambiente que clara e reiteradamente expresse o amor.
   - Satisfação sexual: compreender o próprio desejo sexual e o desejo sexual do cônjuge e aprender a extrair a melhor resposta tanto em relação a si mesmo como em relação ao outro de modo que o relacionamento sexual seja mutuamente prazeroso e frequente.
   - Conversas íntimas: reservar tempo todos os dias para falar um com o outro sobre acontecimentos do dia, sentimentos e planos, evitando julgamentos e comentários raivosos, bem como remoer erros do passado, demonstrando interesse nos assuntos preferidos abordados pelo cônjuge. Conversa equilibrada e de mão dupla, utilizada para informar, investigar e compreender um ao outro, dando, a cada um, atenção dedicada e exclusiva.
   - Companheirismo de lazer: desenvolver interesse nas atividades recreativas favoritas do cônjuge, participando delas e aprendendo a executá-las com excelência. Se tais atividades se demonstrarem desagradáveis após o esforço da parte do cônjuge, é necessário negociar alternativas que sejam mutuamente prazerosas.
   - Honestidade e transparência: descrever os próprios sentimentos, sejam positivos ou negativos, acontecimentos do passado, compromissos diários e cronogramas, bem como planos para o futuro; nunca deixar o cônjuge com uma falsa impressão, além de responder às perguntas dele de forma completa e verdadeira.
   - Atratividade física: manter-se em boa forma física e com roupas e cabelos que o cônjuge considera atraentes e de bom gosto.

- Apoio financeiro: garantir a responsabilidade por abrigar, alimentar e vestir a família de acordo com um padrão de vida aceitável pelo cônjuge, mas evitando longas jornadas e viagens que desagradem o cônjuge.
- Suporte doméstico: ajudar nas tarefas de casa e nos cuidados com as crianças a fim de criar no lar um ambiente que ofereça um refúgio contra as pressões e os estresses da vida.
- Comprometimento familiar: reservar tempo e energia suficientes para o desenvolvimento moral e educacional dos filhos, lendo para eles e levando-os a passeios com frequência; aprender sobre métodos apropriados para educação dos filhos, bem como discutir sobre esses métodos com o cônjuge, além de evitar qualquer método educacional ou ação disciplinar que não tenha uma adesão entusiástica do cônjuge.
- Admiração e valorização: compreender e apreciar o cônjuge mais do que a qualquer outra pessoa, jamais criticar, e sim mostrar profundo respeito e orgulho pela pessoa ao lado.

B. Criar um plano que contribua para formar os novos hábitos que atenderão a essas cinco necessidades.

C. Avaliar o sucesso do plano, criando um novo plano caso o primeiro se mostre insatisfatório, e aprender a atender às novas necessidades emocionais caso o cônjuge substitua uma das cinco originais, formando outro conjunto de necessidades.

II. Marido e esposa estão de acordo em evitar ser causa de dor ou desconforto para o outro ao protegerem-se mutuamente de:

A. Exigências egoístas: forçar o outro fazer algo que contenha ameaça implícita de punição caso se negue a fazê-lo. Se exigências de teor egoísta ocorrerem, marido e esposa seguirão uma linha de procedimentos para identificar demandas despropositadas, investigar suas causas, manter um registro de ocorrências e substituí-las por pedidos conscientes e razoáveis.

B. Julgamentos desrespeitosos: tentativas de mudar as atitudes do outro, bem como crenças e comportamentos, por meio de ameaças, lições de moral, tentativas de ridicularizar, ou qualquer outro meio forçoso. No caso de ocorrência de julgamentos desrespeitosos, marido e esposa seguirão uma linha de procedimentos para identificar julgamentos desrespeitosos, investigar suas causas, manter um registro de ocorrências e substituí-los por parâmetros de respeitabilidade.

C. Rompantes de raiva: tentativas deliberadas de machucar o outro na forma de ataques físicos e verbais. Na ocorrência de rompantes de raiva, marido e esposa seguirão uma linha de procedimentos para identificar esses rompantes, investigar seus motivos e causas e manter um registro de ocorrências a fim de eliminá-los.

D. Desonestidade: deixar de revelar ao outro informações sobre reações emocionais, histórico pessoal, atividades diárias e planos para o futuro. Se ocorrer desonestidade, marido e esposa seguirão uma linha de procedimentos para identificar o problema, investigar suas causas, registrar ocorrências e substituí-la com honestidade sobre assuntos do passado, do presente e do futuro.
E. Hábitos irritantes: comportamento recorrente e irrefletido que incomoda o outro cônjuge. Na ocorrência de hábitos irritantes, marido e esposa deverão seguir uma linha de procedimentos para identificar tais hábitos, investigar seus motivos e suas causas, manter um registro de ocorrências, e eliminá-los.
F. Comportamento independente: conduta de um dos cônjuges que ignora os interesses e os sentimentos do outro. Na ocorrência de comportamento independente, marido e esposa deverão seguir uma linha de procedimentos para identificar o problema, investigar sua causa, manter um registro de ocorrência e substituí-lo por um comportamento interdependente — conduta que alimenta e protege os interesses e os sentimentos de ambos.

III. ESTE ACORDO está sendo celebrado sob as leis do Estado de .... Para atestar o presente acordo, as partes assinam o termo no dia e no ano descritos acima.

....
    Marido   Esposa   Testemunha

PASSO 2

IDENTIFICANDO AS NECESSIDADES EMOCIONAIS MAIS IMPORTANTES

Quando suas necessidades emocionais mais importantes são atendidas pelo seu cônjuge, uma grande quantidade é depositada no Banco de Amor, e como resultado você se sentirá cada vez mais atraído em relação ao seu cônjuge. Essa premissa é igualmente válida para ambos os envolvidos na relação, assim como a responsabilidade de evitar comportamentos destrutivos que possam representar saques das unidades de amor anteriormente depositadas.

Você é a única pessoa que pode identificar suas necessidades emocionais mais importantes. Somente você sabe o que seu cônjuge pode fazer para lhe prover com os melhores sentimentos possíveis. Dessa forma, concebi questionários para ajudar os cônjuges a comunicar suas necessidades entre si.

O Questionário de Necessidades Emocionais ajuda a identificar suas necessidades mais profundas. Ao completá-lo, é possível identificar claramente as cinco necessidades mais importantes para cada um, que também já foram classificadas de acordo com a satisfação e o prazer experimentados quando tais necessidades são devidamente contempladas. As necessidades mais valorizadas são aquelas que dão maior nível de prazer e proporcionam depósitos mais numerosos no Banco de Amor.

Ao contemplar as cinco necessidades emocionais mais importantes do ponto de vista do seu cônjuge, vocês se tornam irresistíveis um para o outro! Então não perca tempo e mãos à obra!

QUESTIONÁRIO DE NECESSIDADES EMOCIONAIS

Este questionário foi concebido para ajudar a determinar suas necessidades emocionais mais importantes e avaliar até que ponto seu cônjuge tem conseguido satisfazê-las. Responda às questões da forma mais franca e direta possível. Não tente minimizar a importância de qualquer necessidade que você perceba que não está sendo atendida. Se precisar de mais espaço para resposta, utilize uma folha de papel à parte.

Seu cônjuge também deve completar o questionário, de forma que sua capacidade para atender às necessidades emocionais mais importantes dele também possa ser avaliada.

Quando tiver terminado, dê uma boa revisada para ter certeza de que as respostas refletem seus sentimentos da forma mais fidedigna possível. Não apague suas primeiras respostas, apenas faça correções leves para que seu cônjuge possa ver o que foi escrito antes e conversar com você a respeito.

A última página deste questionário pede que você identifique e avalie cinco das dez necessidades por ordem de importância. As mais importantes são aquelas que proporcionam os maiores níveis de prazer quando contempladas e os maiores níveis de frustração quando não atendidas. Resista à tentação de identificar como mais importantes apenas aquelas necessidades que seu cônjuge não estiver atendendo a contento. Inclua todas as suas necessidades emocionais no rol das mais importantes.

Faça duas cópias deste questionário, uma para cada cônjuge, a menos que cada um possua seu próprio livro.

1. **AFEIÇÃO**: a expressão não sexual de cuidado extraordinário por meio de palavras, cartões, presentes, abraços e cortesias.

    Indique a importância da afeição para você e o nível de afeição proporcionado pelo seu cônjuge, fazendo um círculo em torno dos números a seguir. Quanto mais alto o número, maior a importância e o nível de afeição proporcionados, e vice-versa.

    Importância da afeição para mim
    ```
    0        1        2        3        4        5        6
    |        |        |        |        |        |        |
    ```

    Nível de afeição proporcionado pelo cônjuge
    ```
    -3       -2       -1       0        1        2        3
    |        |        |        |        |        |        |
    ```

    Seu cônjuge proporciona toda a afeição que você precisa? Em caso negativo, gostaria que ele fosse afetuoso .... vezes por dia/semana/mês/ano. (Escreva um número e circule um período.)

    Você gosta da forma como seu cônjuge lhe fornece afeto? Se sua resposta for não, quais destes aspectos você gostaria que fossem melhorados? Circule as letras que se aplicam ao seu caso e explique de que forma sua necessidade de afeição pode ser melhor atendida no casamento em relação aos aspectos identificados. Use folhas adicionais se necessário.

    a. Palavras (como, por exemplo, eu te amo)
    b. Cartões, presentes e flores
    c. Toque (como, por exemplo, massagem nas costas)
    d. Abraços e beijos
    e. Cortesias
    f. Ajuda com problemas
    g. Tom de voz
    h. Outros

    ....
    ....
    ....
    ....
    ....
    ....
    ....

2. **SATISFAÇÃO SEXUAL**: diz respeito à qualidade e à frequência das experiências sexuais.

Indique o quanto você necessita de satisfação sexual, bem como o nível de satisfação sexual proporcionado pelo seu cônjuge, circulando os números a seguir. Quanto maior o número, maior a necessidade e o nível de satisfação.

Quanto necessito de satisfação sexual

0   1   2   3   4   5   6
|...|...|...|...|...|...|

Quanto de satisfação sexual meu cônjuge proporciona

-3   -2   -1   0   1   2   3
|...|...|...|...|...|...|

Seu cônjuge proporciona sexo na frequência que você deseja? Se a resposta for não, gostaria que a frequência fosse de .... vezes por dia/semana/mês. (Escreva o número e circule o período.)

Gosta da forma como seu cônjuge faz sexo com você? Se a sua resposta for não, indique quais dos aspectos seguintes gostaria de ver aperfeiçoados em relação à satisfação sexual e descreva no campo a seguir como podem ser melhorados.

   a) Compreender as minhas respostas e reações sexuais e as do meu cônjuge
   b) Aprender a extrair o melhor dessas respostas e reações
   c) Criar uma experiência sexual prazerosa e satisfatória
   d) Outro: ....

3. **CONVERSA ÍNTIMA**: compartilhamento de sentimentos, conversas sobre tópicos de interesse pessoal, além da elaboração de planos que expressem cuidado extraordinário.

O quanto eu preciso de conversa íntima com meu cônjuge?

0   1   2   3   4   5   6
|...|...|...|...|...|...|

O quanto estou satisfeito com a conversa íntima proporcionada pelo meu cônjuge?

-3   -2   -1   0   1   2   3
|...|...|...|...|...|...|

Seu cônjuge tem conversas íntimas com você na frequência desejada? Se não, a frequência ideal seria .... vezes por dia/semana/mês. (Escreva o número e circule o período.)

Você gosta da forma como seu cônjuge conversa com você durante a conversa íntima? Se a resposta for não, quais destes fatores podem ser melhorados em relação à conversa íntima? Descreva como.

    a) Qualidade dos diálogos
    b) Nível de interesse nos assuntos do outro
    c) Nível de atenção proporcionada ao outro
    d) Capacidade de evitar cobranças desnecessárias, desrespeito e sentimentos negativos como raiva, além de foco em erros do passado
    e) Outro: ....

4. **COMPANHEIRISMO PARA ATIVIDADES DE LAZER**: presença e participação do cônjuge em atividades de lazer.

O quanto eu preciso de companheirismo nas minhas atividades de lazer

```
0        1        2        3        4        5        6
|........|........|........|........|........|........|
```

O quanto meu cônjuge me proporciona em termos de companheirismo nas atividades de lazer

```
-3       -2       -1       0        1        2        3
|........|........|........|........|........|........|
```

Seu cônjuge participa de atividades de lazer com você com a frequência que deseja? Se não, a frequência ideal seria .... vezes por dia/semana/mês. (Escreva o número e circule o período.)

Gosta da forma como seu cônjuge participa de atividades de lazer com você? Se a resposta for não, quais aspectos podem ser melhorados em relação à participação do seu cônjuge nas suas atividades de lazer? Descreva como.

    a) Identificando as atividades mutuamente satisfatórias que poderiam ser adotadas
    b) Desenvolver habilidades em atividades de lazer que possam ser aproveitadas por ambos
    c) Outros: ....
    ....

5. **HONESTIDADE E TRANSPARÊNCIA**: comunicação franca e verdadeira de sentimentos positivos e negativos, sobre acontecimentos do passado, atividades rotineiras, cronogramas, e planos para o futuro, de modo a evitar falsas impressões ou mal-entendidos.

Minha necessidade de honestidade e transparência para comunicação franca e direta no relacionamento

0   1   2   3   4   5   6

|........|........|........|........|........|........|........|

Nível de honestidade e transparência para comunicação franca e direta proporcionado pelo meu cônjuge

-3   -2   -1   0   1   2   3

|........|........|........|........|........|........|........|

Gosta da forma honesta e transparente como seu cônjuge se relaciona com você?
Se não, descreva como a comunicação entre o casal pode ser aperfeiçoada levando em consideração os seguintes aspectos.

   a) Compartilhamento de reações emocionais positivas e negativas a aspectos significativos da vida
   b) Compartilhamento de informações relacionadas ao histórico pessoal
   c) Compartilhamento de informações sobre atividades diárias e de planos futuros
   d) Outros ....
   ....

6. **ATRATIVIDADE FÍSICA**: aspectos físicos do sexo oposto que são estética e sexualmente atraentes para você.

Minha necessidade por atratividade física no relacionamento

0   1   2   3   4   5   6

|........|........|........|........|........|........|........|

Minha avaliação sobre o nível de atratividade física proporcionado pelo meu cônjuge

-3   -2   -1   0   1   2   3

|........|........|........|........|........|........|........|

Gosta da aparência do seu cônjuge? Se não, quais dos seguintes aspectos podem ou devem ser melhorados? Descreva como melhorá-los.

    a) Forma física
    b) Peso
    c) Estilo de se vestir
    d) Corte e estilo de cabelo
    e) Higiene
    f) Outros ....
    ....

7. **APOIO FINANCEIRO**: provisão de recursos financeiros para moradia, alimentação e vestimentas da família, de acordo com padrão de vida aceitável para você.

Quanto eu necessito de suporte financeiro

```
0        1        2        3        4        5        6
|........|........|........|........|........|........|
```

Nível de suporte financeiro proporcionado pelo meu cônjuge

```
-3       -2       -1       0        1        2        3
|........|........|........|........|........|........|
```

Você está satisfeito ou satisfeita com o apoio financeiro proporcionado pelo seu cônjuge? Se não, identifique quais dos aspectos seguintes devem ser considerados e descreva como podem ser melhorados.

    a) Salário
    b) Carga de trabalho
    c) Orçamento familiar
    d) Horas de trabalho
    e) Escolha de carreira
    f) Outros ....
    ....

8. **SUPORTE DOMÉSTICO**: diz respeito à ajuda do cônjuge nas tarefas domésticas e nos cuidados com os filhos.

Quanto eu preciso de ajuda nas tarefas do lar e no cuidado com filhos

```
0        1        2        3        4        5        6
|........|........|........|........|........|........|
```

Como avalio meu cônjuge no tocante à ajuda nas tarefas domésticas e nos cuidados com os filhos

```
-3        -2        -1         0         1         2         3
|.........|.........|.........|.........|.........|.........|
```

Seu cônjuge lhe ajuda nas tarefas do lar com a frequência desejada? Se não, a frequência ideal seria .... vezes por dia/semana/mês. (Escreva o número e circule o período.)

Gosta da forma como seu cônjuge lhe ajuda com os afazeres domésticos? Se a resposta for não, em quais das seguintes áreas seu cônjuge poderia lhe ajudar de maneira mais efetiva? Descreva de que formas.

a) Limpeza e arrumação
b) Cuidados com o jardim e as áreas externas
c) Lavanderia
d) Compra dos itens necessários para a casa
e) Cuidado com as crianças
f) Preparo de alimentos e limpeza da cozinha
g) Outros ....
....

9. **COMPROMETIMENTO FAMILIAR**: envolvimento no desenvolvimento moral e educacional dos filhos.

Necessidade por envolvimento do cônjuge no desenvolvimento educacional e moral das crianças

```
0         1         2         3         4         5         6
|.........|.........|.........|.........|.........|.........|
```

O quanto meu cônjuge se envolve no desenvolvimento moral e educacional das crianças

```
-3        -2        -1         0         1         2         3
|.........|.........|.........|.........|.........|.........|
```

Seu cônjuge demonstra comprometimento familiar com a frequência que você deseja ou precisa? Se a resposta for não, gostaria que ele se envolvesse nessas tarefas .... vezes por dia/semana/mês. (Escreva o número e circule o período.)

Gosta de como seu cônjuge demonstra comprometimento familiar? Se não, em quais dos aspectos seguintes seu cônjuge pode melhorar em relação ao comprometimento familiar? Descreva como.

    a) Tempo gasto com a família
    b) Parceria no desenvolvimento moral e educacional das crianças, incluindo definição de métodos disciplinares
    c) Passeios (caminhadas, giros de bicicleta etc.)
    d) Projetos em família
    e) União em torno da mesa durante as refeições
    f) Ajuda com as tarefas relacionadas à escola
    g) Outro: ....
    ....

10. **ADMIRAÇÃO E VALORIZAÇÃO**: diz respeito ao sentimento de ser respeitado e valorizado.

Minha necessidade por ser admirado, respeitado e valorizado

```
0          1          2          3          4          5          6
|..........|..........|..........|..........|..........|..........|
```

Como avalio a capacidade de meu cônjuge em demonstrar respeito, admiração e valorização

```
-3         -2         -1         0          1          2          3
|..........|..........|..........|..........|..........|..........|
```

Seu cônjuge demonstra admiração e respeito sempre que você sente necessidade? Se não, a frequência ideal para demonstração de tais qualidades seria .... vezes por dia/semana/mês. (Escreva o número e circule o período.)

Gosta da forma como seu cônjuge demonstra admiração e respeito por você? Se não, quais dos aspectos seguintes refletem os seus anseios em relação à necessidade de admiração e valorização? Explique a seguir.

    a) Demonstrações de admiração e valorização dirigidas a mim devem ser feitas de forma privada
    b) Demonstrações de admiração e valorização dirigidas a mim podem ou devem ser feitas publicamente
    c) Gostaria que considerações de teor crítico fossem dirigidas a mim de forma privada
    ....
    ....

....
....
....
....
....

Faça uma lista das suas necessidades emocionais por ordem de importância

As dez necessidades emocionais mais importantes estão listadas a seguir. Mas há espaço para acrescentar outras que você considere essenciais para o sucesso do seu casamento.

No espaço reservado em frente à cada necessidade, numere de um a cinco aquelas que você considera serem as mais importantes. A fim de tornar a tarefa mais fácil, imagine que você pudesse ter apenas uma necessidade atendida por completo em seu casamento. Qual delas lhe faria mais feliz, sabendo que todas as outras permaneceriam pendentes? Essa seria a número 1. Se apenas duas necessidades pudessem ser satisfeitas, qual seria a número 2? Siga nessa linha de raciocínio até completar as cinco prioritárias, aquelas que lhe deixariam mais feliz.

_____ afeição
_____ satisfação sexual
_____ conversa íntima
_____ companheirismo para lazer
_____ honestidade e transparência
_____ atratividade física
_____ apoio financeiro
_____ suporte doméstico
_____ comprometimento familiar
_____ admiração e valorização
_____ _____
_____ _____
_____ _____
_____ _____

PASSO 3

APRENDENDO A ATENDER ÀS NECESSIDADES EMOCIONAIS MAIS IMPORTANTES

NESTE PASSO, VOCÊ VAI APRENDER COMO DEPOSITAR A MAIOR QUANTIDADE possível na conta do Banco de Amor do seu cônjuge. Isso se torna uma realidade ao atender às suas necessidades mais importantes.

Mas, se você falhar na tarefa de eliminar os fatores potencialmente destruidores do amor que serão abordados nos passos 4 e 5 deste livro, seu cônjuge poderá não permitir que você contemple suas necessidades emocionais. Para se proteger da dor causada pelos hábitos destruidores do amor, seu cônjuge tende a bloquear reações emocionais em relação a você, sejam boas ou ruins. Dessa forma, mesmo que você seja competente em atender às necessidades emocionais, seus esforços irão por água abaixo caso você insista em ter comportamentos destrutivos.

Se perceber que seu cônjuge resiste às suas tentativas de atender às suas necessidades emocionais, é recomendável ficar atento e prestar muita atenção aos passos 4 e 5 deste livro. Ao eliminar atitudes destrutivas que detalharemos adiante, seu cônjuge baixará a guarda, permitindo que você atinja em cheio suas necessidades emocionais. Pode ser que vocês já saibam como agradar um ao outro naquilo que importa, e, nesse caso, basta eliminar fatores negativos para que o amor seja revitalizado. Se, entretanto, vocês tiverem dificuldade de atender às necessidades um do outro, significa que está na hora de aplicar este terceiro passo.

Os resultados do Questionário de Necessidades Emocionais fornecem uma imagem clara das condições em que cada um se encontra, bem como o nível de competência para atender às necessidades apontadas. Com esses resultados, é possível se concentrar em melhorar nos pontos mais apreciados e valorizados pelo outro. A partir de agora você tem todas as condições de atender às cinco necessidades mais importantes da pessoa que ama.

O conteúdo trazido aqui, referente ao livro *His Needs, Her Needs*, ajuda a desenvolver as habilidades necessárias, ao passo que as questões deste livro de exercícios contribuem para que seja possível organizar e executar planos voltados para o desenvolvimento de tais habilidades.

APRENDENDO A ATENDER
À NECESSIDADE DE AFEIÇÃO

Afeição é, estatisticamente falando, a necessidade emocional mais importante para muitas mulheres, se não para a maioria delas. Para os homens, a afeição às vezes aparece entre as cinco necessidades mais importantes, mas raramente assume o topo da lista. Esse é o motivo pelo qual é tão difícil para muitos homens compreender quão crítico esse fator é para suas esposas. A fim de ilustrar essa observação e mostrar como os homens podem desenvolver-se na capacidade de proporcionar afeição, descrevo no livro *His Needs, Her Needs* um dia típico na vida de um marido muito carinhoso.

- Ele abraça e beija a esposa todos os dias pela manhã enquanto ainda estão na cama.
- Ele diz que a ama durante o café da manhã.
- Ele se despede com um abraço e um beijo antes de partir para o trabalho.
- Ele telefona ou manda mensagem durante o expediente para saber como ela está.
- Antes de sair do trabalho ele liga novamente para que ela possa esperá-lo.
- Ele a presenteia com flores de vez em quando e faz questão de escrever bilhetes afetuosos expressando seu amor.
- Quando chega em casa do trabalho, ele a beija e a abraça, e passa alguns minutos conversando sobre como ela passou o dia.
- Ele a ajuda com a louça depois do jantar.
- Ele a beija e a abraça na cama antes de dormirem.

Ouço muita gente reclamar que, quando a afeição se torna algo mecânico ou habitual, acaba perdendo o significado. Se não for algo espontâneo, não reflete um sentimento profundo de carinho. Minha resposta para essa reclamação é de que, se você esperar por espontaneidade, vai esperar muito tempo — tempo demais — sobretudo se seu cônjuge não tiver essa necessidade na mesma intensidade que você.

Nosso comportamento não tem muito de espontâneo. É determinado essencialmente pelo hábito. A maior parte das coisas que fazemos são repetidas à exaustão. Nossa capacidade de processamento de informações é limitada, de modo que nossos cérebros transformam a maior parte dos nossos comportamentos em hábitos, para que possamos voltar a atenção para emergências e situações novas. Isso é o que faz nossos cérebros tão eficientes. Se tivéssemos que processar tudo o que fazemos, precisaríamos de cérebros do tamanho de uma casa!

Se seu cônjuge precisa de afeição, acostume-se à ideia de que terá de assimilar "hábitos" de afeição. Se esses hábitos parecerem mecânicos para seu cônjuge, isso significa que você terá falhado na tarefa de desenvolver ações e atitudes que realmente atendam às necessidades dele. É preciso conhecer as reações dele antes de colocar em prática hábitos corretos e que efetivamente funcionem para o desenvolvimento da afeição.

Desenvolver o hábito da afeição é uma questão de prática, como tudo na vida

Criei um questionário para lhe ajudar a identificar os hábitos que verdadeiramente atendem a essa necessidade. O Inventário de Afeição ajuda a identificar não apenas o tipo de comportamento que seu cônjuge aprecia e valoriza, mas também o tipo de comportamento equivocado que traz mais malefícios do que benefícios.

Cada cônjuge deve preencher a lista do Inventário de Afeição individualmente, porque um não pode agir de forma afetiva sem que o outro participe. Após tomar contato com os gostos de cada um, procure desenvolver hábitos que agradem aos dois. E procure evitar hábitos que ambos considerem chatos ou irritantes.

Uma vez identificados os hábitos a serem criados e os hábitos a serem evitados no campo da afeição, chega o momento de colocá-los em prática. Para lhe ajudar a documentar o plano a ser seguido, incluí o questionário Estratégia para Atender à Necessidade de Afeição.

Quando seu plano for implementado, utilize a Planilha de Afeição para documentar seu progresso. Essa planilha foi concebida para dar a seu cônjuge a oportunidade de se expressar, fornecendo um retorno positivo ou negativo em relação aos seus esforços. Exemplos de demonstração de afeto são registrados, acompanhados das reações do cônjuge a essas demonstrações. Às vezes o retorno negativo (seu cônjuge informa que o esforço não atendeu à necessidade) pode gerar certa tristeza. Mas, se conseguir superar esse fracasso momentâneo a ponto de redirecionar seus esforços e suas ações, ao final você aprenderá a demonstrar afeição da maneira que acerta o alvo em cheio! E atender às necessidades de afeição do cônjuge é algo que representa, no Banco de Amor, o depósito de uma quantidade superior a qualquer outra atitude.

INVENTÁRIO DE AFEIÇÃO

Abaixo do título "Comportamento Afetuoso a Ser Criado", nomeie e descreva os tipos de comportamento que você gostaria que seu cônjuge adotasse. Por exemplo, se deseja que seu cônjuge segure em sua mão com mais frequência, pode simplesmente indicar a frequência e em quais circunstâncias você gostaria de segurar sua mão.

Se por outro lado o seu cônjuge tem comportamentos que você considera irritantes ou inapropriados, mencione-os sob o título "Comportamento Afetuoso a Ser Evitado". Você poderá se dar conta de que o problema não está no comportamento em si, mas possivelmente no momento ou no lugar em que acontece. Se for esse o caso, descreva de forma clara e inclua as circunstâncias ideais ou apropriadas em "Comportamento Afetuoso a Ser Criado". Se precisar de mais espaço, use uma folha adicional.

Cada cônjuge deve preencher o Inventário de Afeição de forma separada e individualizada, e apenas posteriormente compartilhar as informações a fim de construir os hábitos desejados e evitar os inapropriados.

Comportamento afetuoso a ser criado

1. _____

2. _____

3. _____

4. _____

5. _____

6. _____

Comportamento afetuoso a ser evitado

1. _____

2. _____

3. _____

4. _____

5. _____

6. _____

ESTRATÉGIA PARA ATENDER
À NECESSIDADE DE AFEIÇÃO

Este questionário foi criado para ajudar a criar uma estratégia para atender às necessidades de afeição do cônjuge. Complete cada seção a fim de documentar o processo utilizado na escolha da estratégia.

1. Em relação ao Inventário de Afeição completado pelo seu cônjuge, descreva o comportamento que ele/ela gostaria que você desenvolvesse.
   ....
   ....
   ....
   ....
   ....

2. Descreva o plano para atingir o resultado esperado na pergunta 1. Tenha certeza de que o plano tem o apoio e a concordância de ambos e inclua um prazo para atingi-lo.
   ....
   ....
   ....
   ....
   ....

3. Se o plano não for realizado dentro do prazo estipulado, você concorda em buscar ajuda especializada para colocá-lo em prática? Onde buscaria ajuda?
   ....
   ....
   ....
   ....
   ....

4. Descreva o comportamento afetuoso que seu cônjuge gostaria que fosse evitado.
   ....
   ....
   ....
   ....
   ....

5. Descreva bem seu plano para evitar o comportamento afetuoso listado na pergunta 4. Esteja certo de que o plano tem a concordância de ambos e estabeleça um prazo para que seja alcançado.
....
....
....
....
....

6. Aceitaria buscar ajuda profissional se o plano não for completado no prazo? Como encontrará tal ajuda?
....
....
....
....
....

PLANILHA DE AFEIÇÃO

Descreva os momentos em que seu cônjuge demonstra afeição, bem como as suas reações. Se você constatar que seu cônjuge reage emocionalmente de forma negativa às suas ações espontâneas, ou se você se sente relutante em agir espontaneamente, busque ajuda profissional e especializada.

Dia	Data	Horário	Tipo de Afeição / Reação

1. _____/_____/_____/_____

2. _____/_____/_____/_____

3. _____/_____/_____/_____

4. _____/_____/_____/_____

5. _____/_____/_____/_____

6. _____/_____/_____/_____
   _____
   _____
   _____
   _____

7. _____/_____/_____/_____
   _____
   _____
   _____
   _____

8. _____/_____/_____/_____
   _____
   _____
   _____
   _____

APRENDENDO A ATENDER À NECESSIDADE DE CONVERSA ÍNTIMA

EM *HIS NEEDS, HER NEEDS*, os capítulos sobre as necessidades da mulher relacionadas à afeição e à conversa íntima vêm em sequência. Depois seguem os capítulos que tratam das necessidades do homem relativas à satisfação sexual e ao companheirismo para atividades de lazer. Organizei assim porque essas partes se complementam. Há similaridades entre os temas.

Afeição é a expressão simbólica de carinho e de segurança. A conversa íntima cumpre a mesma finalidade. O que torna uma conversa íntima é o fato de os assuntos selecionados, a forma como as palavras são usadas, e a atenção dedicada, expressarem um cuidado excepcional.

Uma conversa é determinada pela forma como nos comunicamos para resolver problemas e compartilhar informações. Uma conversa íntima cumpre o mesmo propósito, mas de uma maneira especial. O cuidado é refletido em cada frase.

As pessoas que nunca experimentaram os benefícios de uma conversa íntima sempre questionam os motivos daquelas que a adotam. "Por que você me ligou?" "Já não falamos deste assunto?" "Aonde esta conversa vai levar?"

Quem faz esse tipo de pergunta não se dá conta de que seus parceiros percebem esse tipo de interação como uma expressão de carinho. Uma conversa íntima pode significar o depósito de montanhas de unidades no Banco de Amor quando conduzida da maneira certa.

No capítulo 4 de *His Needs, Her Needs*, eu estimulo cônjuges a se tornar cada vez melhores na arte de investir unidades na conta do amor quando conversam um com o outro. Hábitos considerados "amigos" das conversas íntimas contribuem para depositar unidades de amor, enquanto os "inimigos" promovem a realização de saques. Amigos no contexto de uma conversa íntima são representados pelas seguintes ações:

(1) Usar essas interações para informar, investigar e entender um ao outro.
(2) Cultivar interesse nos temas prediletos da outra pessoa.
(3) Dar a cada um o mesmo tempo para se expressar.
(4) Dar atenção exclusiva um ao outro.

Ações como essas ajudam a comunicação a fluir e promovem a reflexão.

Já os "inimigos" de uma conversa íntima jogam no sentido oposto. Eles podem ser representados pelas seguintes atitudes:

(1) Fazer exigências.
(2) Agir de forma desrespeitosa.
(3) Expressar raiva.
(4) Ficar discutindo erros do passado e do presente.

Em vez de carinho, essas atitudes antagônicas expressam egoísmo e falta de consideração.

Se você ou seu cônjuge reconhecem a importância das conversas íntimas como algo fundamental para o atendimento de necessidades emocionais, vocês precisam reservar tempo de forma planejada para que possam acontecer com frequência, além de garantir que aconteçam num clima amistoso.

*

Cultivar interesse pelos temas prediletos do outro é um dos pilares da conversa íntima

Criei o Inventário de Amigos e Inimigos da Conversa Íntima para ajudar a identificar quais hábitos você deve criar e quais devem ser evitados. Lembre-se de que os amigos trazem bem-estar ao diálogo, enquanto os inimigos causam desconforto. Você pode acrescentar novos amigos e inimigos à lista na medida em que conversa com seu cônjuge sobre o assunto.

Ao terminar de completar o Inventário, o questionário intitulado Estratégia para Atender à Necessidade de Conversa Íntima será útil para a documentação do plano para criar amigos e evitar inimigos.

Recomendo que seu plano inclua a prática de conversa íntima com tempo determinado para o aprimoramento de habilidades de comunicação. Ao trocarem ideias, cada um deve usar a Planilha de Amigos e Inimigos da Conversa Íntima para listar a ocorrência desses dois comportamentos opostos. Depois da conversa, comparem as planilhas. Procurem não entrar em clima de competição para ver quem tem razão. Em vez disso, busquem aceitar a avaliação do cônjuge de forma a renovar o compromisso de criar amigos e evitar inimigos numa próxima conversa.

Você pode usar a planilha mesmo depois de uma conversa normal, quando notar que seu cônjuge fez um esforço para utilizar um amigo da conversa íntima ou cometeu o erro de usar um inimigo. Se vocês se pegarem discutindo sobre interpretações distintas a respeito de amigos e inimigos, lembrem-se de que amigos sempre trazer bem-estar ao cônjuge, enquanto inimigos causam a sensação oposta.

Seu cônjuge sabe se você está usando amigos ou inimigos porque sente os efeitos da conversa. Por isso, é o único ou única em condição de avaliar.

Existe ainda a noção de que toda conversa em um casamento deveria ser íntima nos moldes aqui apresentados. Não importa se você esteja tentando resolver um conflito conjugal ou simplesmente passando uma informação, a forma de falar e de tratar deveria refletir sempre um cuidado extraordinário. Quando isso acontece, o melhor dos mundos em relação a uma conversa íntima está em curso.

Destilar frustrações ao falar com o cônjuge pode até ajudar você a se sentir melhor momentaneamente, mas fará com que seus problemas se tornem muitos mais complexos e difíceis de resolver. Ao recrutar os amigos de uma conversa íntima diante da necessidade de resolução de conflitos, soluções aparecem e o amor permanece intocado.

INVENTÁRIO DE AMIGOS E INIMIGOS DA CONVERSA ÍNTIMA

A conversa que você tem com seu cônjuge pode ser agradável ou desconfortável. Tende a ser agradável quando ele usa a conversa para informar, descobrir e entender o seu lado, para cultivar interesses pelos seus assuntos favoritos, para proporcionar a você o mesmo tempo que ele tem para se expressar, e para dar atenção exclusiva enquanto você fala. Esses são os amigos da conversa íntima.

Por outro lado, a conversa se tornará desagradável se o seu cônjuge fizer cobranças, demonstrar desrespeito, expressar raiva, ou insistir em trazer à tona erros do passado ou mesmo do presente. Esses são os inimigos da conversa íntima.

Abaixo do título "Amigos da Conversa Íntima a Serem Criados", cite e descreva novos hábitos que espera serem cultivados pelo seu cônjuge. Por exemplo, você pode citar um ou mais dos hábitos apresentados anteriormente ou acrescentar outros que poderiam melhorar ainda mais o nível do diálogo entre o casal. Pode-se chegar à conclusão de que é preciso ter mais tempo para as conversas íntimas.

Se o seu cônjuge tem hábitos que você enxerga como irritantes ou inapropriados, cite e descreva esses maus hábitos abaixo do título "Inimigos da Conversa Íntima a Serem Evitados". Se o problema diz respeito ao momento ou ao lugar em que o comportamento ocorre, e não necessariamente ao comportamento em si, explique isso claramente na descrição e inclua o que considera como sendo as condições ideais sob o título "Amigos da Conversa Íntima a Serem Criados". Se precisar de mais espaço utilize folhas adicionais.

Cada cônjuge deve preencher os inventários de forma individualizada e separadamente. Não é possível que uma das partes engaje em uma conversa íntima sem que a outra participe. Após trocarem ideias e impressões sobre os gostos e as preferências de cada um, a meta é procurar desenvolver bons hábitos e combater ou evitar o surgimento daqueles considerados inimigos da boa interação.

Amigos da conversa íntima a serem criados

1. _____
   _____
   _____

2. _____
   _____
   _____

3. _____
   _____
   _____

4. _____
   _____
   _____

Inimigos da conversa íntima a serem evitados

1. _____
   _____
   _____

2. _____
   _____
   _____

3. _____
   _____
   _____

4. _____
   _____
   _____

ESTRATÉGIA PARA ATENDER
À NECESSIDADE DE CONVERSA ÍNTIMA

Este questionário foi concebido para lhe ajudar a criar uma estratégia a fim de atender à necessidade do seu cônjuge por uma conversa íntima. Complete as seções de modo a documentar o processo usado na busca de uma estratégia.

1. Em relação ao Inventário Amigos e Inimigos da Conversa Íntima preenchido pelo seu cônjuge, descreva o comportamento que seu cônjuge gostaria que você adotasse.

   _____
   _____
   _____
   _____

2. Descreva seu plano para aprender o comportamento mencionado na questão anterior. Certifique-se de que o plano tem o consenso do casal e inclui um prazo.

   _____
   _____
   _____
   _____

3. Se o plano não for atingido no prazo, você concordaria em buscar ajuda profissional? Como você a encontraria?

   _____
   _____
   _____
   _____

4. Descreva o comportamento que seu cônjuge gostaria que fosse evitado.

   _____
   _____
   _____
   _____

5. Descreva o plano para atingir esse objetivo. Certifique-se de que o plano tem consentimento do casal e inclui um prazo.
   _____
   _____
   _____
   _____

6. Se o plano não for atingido dentro do prazo, você concordaria em buscar ajuda profissional? Como a encontraria?
   _____
   _____
   _____
   _____

PLANILHA DE AMIGOS E INIMIGOS DA CONVERSA ÍNTIMA

Avalie a qualidade de cada conversa que você tem com seu cônjuge. Liste os momentos em que os amigos e os inimigos da conversa íntima vieram à tona nas palavras do seu cônjuge, tendo em vista as descrições abaixo.

Amigos:
(1) Usar estas interações para informar, investigar e entender um ao outro.
(2) Cultivar interesse nos temas prediletos da outra pessoa.
(3) Dar a cada um o mesmo tempo para se expressar.
(4) Dar atenção exclusiva um ao outro.

Inimigos:
(1) Fazer cobranças.
(2) Agir de forma desrespeitosa.
(3) Expressar raiva.
(4) Ficar discutindo erros do passado e do presente.

Acrescente outros itens a essas listas, se desejar. Após a conversa, troquem de planilhas e observem as avaliações do seu cônjuge. Procure não adotar uma postura defensiva caso não concorde com a avaliação do seu cônjuge. Aceite e expresse disposição para melhorar a conversa na próxima oportunidade.

Dia	Horário	Amigo e/ou Inimigo da Conversa Íntima
1. ___/___/___		
2. ___/___/___		
3. ___/___/___		

_____
_____
_____
4. _____/_____/_____
_____
_____
_____
_____
_____
5. _____/_____/_____
_____
_____
_____
_____
6. _____/_____/_____
_____
_____
_____
_____
7. _____/_____/_____
_____
_____
_____
_____
8. _____/_____/_____
_____
_____
_____
_____
9. _____/_____/_____
_____
_____
_____
_____

10. _____/_____/_____
_____
_____
_____
_____

11. _____/_____/_____
_____
_____
_____
_____

APRENDENDO A ATENDER
À NECESSIDADE DE SATISFAÇÃO SEXUAL

Enquanto a afeição representa a necessidade mais importante para a mulher, a satisfação sexual é a afeição número um sob o ponto de vista do homem. Algumas mulheres incluem a satisfação sexual entre as cinco mais importantes, mas raramente essa necessidade ocupa o topo da lista delas. Por outro lado, uma grande parcela dos homens inclui a satisfação sexual entre as cinco principais, e muitos a inserem no topo da lista.

As mulheres geralmente estão atentas à importância do sexo para os homens e se esforçam para atendê-los a contento. Mas muitas não entendem que apenas fazer sexo não é o suficiente para satisfazer plenamente um homem. Se a mulher não se envolver de verdade na experiência sexual, a necessidade dele continuará pendente. Um cônjuge não pode atingir a plenitude sexual no casamento a menos que o outro esteja igualmente envolvido e realizado. Dessa forma, a estratégia para que o homem possa atingir um alto nível de satisfação sexual costuma passar necessariamente pelo foco no desafio da satisfação sexual da esposa.

*

*Mais do que apenas sexo, os homens esperam entrega
por parte de suas esposas*

Homens e mulheres são totalmente diferentes em relação à maneira como aproveitam o sexo. Se as diferenças forem ignoradas, o casal padecerá de incompatibilidade. Conforme escrevi no capítulo 5 de *His Needs, Her Needs*, a compatibilidade nessa área é atingida quando o casal supera a ignorância sexual por meio da comunicação. Existe ainda um terceiro ponto para a compatibilidade sexual. O casal precisa acomodar as preferências sexuais do outro, bem como suas reações.

Marido e esposa superam a ignorância ao compreender as respostas sexuais de cada um. As mulheres normalmente estão em desvantagem por chegarem ao casamento tendo tido menos experiência do que os homens. Os homens geralmente sabem o que é um orgasmo desde a adolescência, mas algumas mulheres passam a vida toda sem ter essa sensação. Algumas mulheres enxergam sentimentos sexuais como desnecessários e até mesmo repugnantes, por conta de dificuldades nessa área. Mas, uma vez que a mulher aprende a ter respostas sexuais com menos esforço, sua atitude em relação ao sexo é dramaticamente transformada.

Os cinco estágios da experiência sexual são (1) vontade, (2) excitação, (3) estabilidade, (4) ápice e (5) recuperação. Casais que experimentam esses estágios quando fazem amor geralmente se consideram compatíveis e afirmam ser sexualmente realizados. Assim, se deseja atingir esse nível de satisfação no seu relacionamento, você e seu cônjuge devem aprender e experimentar juntos os cinco estágios da experiência sexual.

Concebi o Inventário de Experiência Sexual para ajudar você e seu cônjuge a definir e a entender os cinco estágios aqui apresentados. Quando o inventário for preenchido e as dificuldades dos cônjuges forem identificadas, crie um plano para superar tais dificuldades. O questionário Estratégia para Descobrir os Cinco Estágios da Experiência Sexual lhe ajudará a documentar o plano. Após definir o plano, utilize a Planilha de Experiência Sexual para registrar o progresso rumo à obtenção do sucesso.

Se você e seu cônjuge sabem como compartilhar os cinco estágios da experiência sexual quando fazem amor, mas ainda não atingiram o ápice da realização, é porque provavelmente existem hábitos inibidores do amor assombrando a relação, evitando que cada um atenda plenamente à necessidade do outro. Se esse for o caso, não é o fim do mundo. Há um questionário para lhe ajudar a resolver o problema. Mas aqui vai um alerta. *Não utilize esse questionário antes de passar pelas questões sobre os cinco estágios da experiência sexual.* O Inventário de Satisfação Sexual foi concebido para ajudar a descobrir hábitos sexuais que devem ser criados ou evitados. Já o questionário da Estratégia para Atender à Necessidade de Satisfação Sexual serve para documentar o plano de criar comportamento sexual positivo, além de se proteger contra o comportamento sexual negativo.

Em minha experiência como conselheiro matrimonial, noto que os casais atingem o nível desejado de satisfação sexual quando compreendem os cinco estágios e ajudam um ao outro ao longo desses estágios quando fazem amor. Esse processo segue minha Política de Acordo Mútuo (nunca faça nada sem a aprovação ou o consentimento entre você e seu cônjuge). É muito difícil, se não impossível, percorrer os cinco estágios da experiência sexual a menos que os dois parceiros evitem extrair prazer sem levar o outro em conta ou à custa do outro. Quando o ato de fazer amor é prazeroso para *ambos*, a Política de Acordo Mútuo está sendo seguida à risca, o que permite ao casal trilhar o caminho da satisfação total em tudo o que fazem, incluindo sexo.

INVENTÁRIO DE EXPERIÊNCIA SEXUAL

Vamos começar a entender melhor os cinco estágios da experiência sexual. A vontade (1) é o início de tudo. A disposição do marido geralmente é motivada por desejos induzidos pela testosterona. Mas a vontade da mulher geralmente requer a combinação entre conexão emocional e senso de antecipação de uma relação agradável. Durante a excitação (2), o homem e a mulher começam a ter sensações sexuais. O pênis se enrijece e a vagina começar a liberar fluidos. Se o pênis e o clitóris forem estimulados, ou se outros passos de estímulo forem dados, o homem e a mulher passam para o estágio de estabilidade ou platô (3). Nessa fase, as sensações sexuais são mais intensas e prazerosas. O pênis se torna rijo e a vagina se contrai, proporcionando maior resistência e aumentando a sensação sexual durante o intercurso. O ápice (4), que normalmente dura não mais do que poucos segundos, representa o cume da experiência sexual, onde reside a sensação mais intensa e prazerosa. É o momento em que o pênis ejeta sêmen (ejaculação) e a vagina reage com contrações. A maioria das mulheres pode repetir o estágio do ápice de maneira quase ilimitada, enquanto a maioria dos homens, não. Segue-se o estágio de recuperação (5) em que ambos se sentem relaxados e em paz. O pênis perde tônus e a vagina relaxa, após ter liberado fluído lubrificante.

Responda às seguintes perguntas para avaliação do seu nível de compreensão sobre sua experiência sexual, bem como sua capacidade de criar esse tipo de experiência.

Vontade sexual

Se você já experienciou vontade sexual no passado, responda às questões 1-4; se não, pule para a questão 5.

1. Com qual frequência você tem vontade sexual? _____vezes por dia/semana/mês/ano. (Escreva o número e circule o período.)

2. Descreva as condições que tendem a criar vontade sexual em você.
   _____
   _____

3. Você tende a ter mais vontade sexual quando está junto com seu cônjuge ou quando ele não está com você? Por quê?
   _____
   _____

4. Se tiver dificuldade de ter vontade sexual na presença do seu cônjuge, estaria disposto/disposta a criar um plano para procurar superar essa dificuldade?

_____

_____

5. Se você nunca teve vontade sexual, estaria disposto/disposta a consultar um terapeuta especializado em sexo para ajudá-lo? Quando começaria?

_____

_____

Excitação sexual

Se você já experienciou excitação sexual no passado, responda às questões 1-4, se não pule para a questão 5.

1. Com qual frequência você sente excitação sexual? _____vezes por dia/semana/mês/ano. (Escreva o número e circule o período.)

2. Descreva as condições que costumam criar excitação sexual em você.

_____

_____

3. Você tende a sentir mais excitação sexual quando seu cônjuge está com você ou quando ele não está? Por quê?

_____

_____

4. Se tiver dificuldade de sentir excitação sexual na presença do seu cônjuge, estaria disposto/disposta a criar um plano com ele para superar essa dificuldade? Quando estaria disposto/disposta a começar a planejar?

_____

_____

5. Se você nunca sentiu excitação sexual, estaria disposto/disposta a passar por um terapeuta especializado em sexo, e quando?

_____

_____

Estabilidade

Se você já experienciou a estabilidade no passado, responda às questões 1-4, se não pule para a questão 5.

1. Com qual frequência você experimenta a fase de estabilidade sexual? _____ vezes por dia/semana/mês/ano. (Escreva o número e circule o período.)

2. Descreva as condições que tendem a levá-lo à estabilidade sexual.
   _____
   _____

3. Você tende a experimentar estabilidade sexual quando seu cônjuge está com você ou quando ele não está com você? Por quê?
   _____
   _____

4. Se tem dificuldade de chegar nesse estágio na presença do seu cônjuge, está disposto/disposta a criar um plano para superar essa dificuldade?
   _____
   _____

5. Se nunca teve a experiência de estabilidade sexual, consultaria um terapeuta especializado em sexo? Quando estaria disposto a começar?
   _____
   _____

Ápice sexual

Se você já experienciou o ápice sexual no passado, responda às questões 1-4; se não, pule para a questão 5.

1. Com qual frequência você experimenta o ápice sexual? _____ vezes por dia/semana/mês/ano. (Escreva o número e circule o período.)

2. Descreva as condições que tendem a te levar ao ápice sexual.
   _____
   _____

3. Você tende a ter experiência de ápice sexual quando seu cônjuge está junto de você ou não? Por quê?

_____

_____

4. Caso tiver dificuldade de atingir o ápice sexual com seu cônjuge, estaria disposto/disposta a criar um plano e buscar ajuda especializada se for necessário? Quando poderia começar a planejar?

_____

_____

5. Se você nunca chegou ao ápice sexual, está disposto a buscar ajuda especializada?

_____

_____

Recuperação

Ao contrário do que ocorre nos estágios anteriores, a recuperação segue o ápice de forma natural e sem esforço. Mas às vezes essa experiência é incompleta. Responda a estas questões para entender melhor sua recuperação sexual. Se você nunca experienciou os outros estágios sexuais, pule esta seção.

1. Com qual frequência você tem a experiência da recuperação sexual? _____ vezes por dia/semana/mês/ano. (Escreva o número e circule o período.)

2. Descreva as condições ideais para a recuperação na sua visão.

_____

_____

3. Você tende a ter a experiência da recuperação quando seu cônjuge está com você ou não? Por quê?

_____

_____

4. Se tiver dificuldade nessa área, estaria disposto/disposta a criar um plano com seu cônjuge que pode ajudá-lo a superar tal dificuldade? Quando poderia começar a planejar?

_____

_____

5. Acrescente qualquer experiência ou informação que ajude na compreensão sobre os cinco estágios da relação sexual.
_____
_____

ESTRATÉGIA PARA DESCOBRIR OS
CINCO ESTÁGIOS DA EXPERIÊNCIA SEXUAL

Este questionário ajuda a criar uma estratégia para descoberta dos cinco estágios da experiência sexual. Complete as seções.

1. Descreva os estágios em que você tem alguma dificuldade com seu cônjuge.
   _____
   _____
   _____
   _____

2. Descreva um plano para superar as dificuldades listadas na pergunta anterior. Inclua um prazo e assegure que o plano tem a aprovação e o consentimento do casal.
   _____
   _____
   _____
   _____

3. Caso não consiga implementar o plano no prazo, concordaria em buscar ajuda profissional? Como buscaria tal ajuda?
   _____
   _____
   _____
   _____

PLANILHA DE EXPERIÊNCIA SEXUAL

Esta planilha se refere ao seguinte estágio de experiência sexual:
_____
_____
_____
_____

Descreva os momentos em que você fez um esforço para atingir esse estágio da experiência sexual. Informe se o estágio foi ou não atingido e se as condições necessárias para que fosse atingido foram atendidas ou não.

Dia	Data	Horário	Circunstâncias
1. _____	/ _____	/ _____	/ _____
			_____
			_____
2. _____	/ _____	/ _____	/ _____
			_____
			_____
3. _____	/ _____	/ _____	/ _____
			_____
			_____
4. _____	/ _____	/ _____	/ _____
			_____
			_____
5. _____	/ _____	/ _____	/ _____
			_____
			_____

6. _____/_____/_____/_____
_____
_____
_____

7. _____/_____/_____/_____
_____
_____
_____

8. _____/_____/_____/_____
_____
_____
_____

INVENTÁRIO DE SATISFAÇÃO SEXUAL

Este questionário deve ser usado apenas se, após aprender sobre os cinco estágios, você ainda não se sentir plenamente realizado.

Sob o título "Hábitos Sexuais a Serem Criados", descreva o que deseja do seu cônjuge. Por exemplo, se a sugestão de melhoria disser respeito à frequência sexual, descreva a periodicidade e as condições desejadas.

Se por outro lado seu cônjuge pratica hábitos inapropriados ou indesejados, descreva-os em "Hábitos Sexuais a Serem Evitados". Se o problema for o momento ou o local, e não a ação em si, deixe isso claro na sua descrição e sugira as condições ideais sob "Hábitos Sexuais a Serem Criados". Se precisar de mais espaço para listar os hábitos, use uma folha separada.

Você e seu cônjuge devem responder a esse questionário separadamente. Após revisar as respostas do outro, tente desenvolver os hábitos sexuais que ambos desejam criar e evitar aqueles que um dos dois considere inapropriado.

Hábitos sexuais a serem criados

1. _____
   _____

2. _____
   _____

3. _____
   _____

4. _____
   _____

Hábitos sexuais a serem evitados

1. _____
_____
_____

2. _____
_____
_____

3. _____
_____
_____

4. _____
_____
_____

ESTRATÉGIA PARA ATENDER
À NECESSIDADE DE SATISFAÇÃO SEXUAL

Este questionário ajuda a criar uma estratégia para atender à necessidade de satisfação sexual do seu cônjuge. Ele é usado apenas no momento em que você e seu cônjuge tiverem aprendido a compartilhar os cinco estágios da experiência sexual quando fazem amor, mas seu cônjuge ainda está insatisfeito. Complete cada seção a fim de ter uma documentação do processo que usou para selecionar a estratégia.

1. Em relação ao Inventário de Satisfação Sexual completado pelo seu cônjuge, descreva o hábito que ele gostaria que você aprendesse.

   _____
   _____
   _____
   _____
   _____

2. Descreva o plano para aprender o comportamento sexual listado na pergunta anterior. Inclua um prazo e assegure que o plano tem aprovação e consentimento de ambos.

   _____
   _____
   _____
   _____
   _____

3. Se o plano não for concluído no prazo, aceitaria buscar ajuda profissional? Como a procuraria?

   _____
   _____
   _____
   _____
   _____

4. Descreva o comportamento sexual que seu cônjuge gostaria que você evitasse.

   _____
   _____

_____
_____
_____

5. Descreva o plano para evitar o comportamento listado na pergunta 4. Inclua um prazo e assegure que o plano tem aprovação e consentimento de ambos.
_____
_____
_____
_____

6. Se o plano não for concluído no prazo, você buscaria ajuda profissional? Como?
_____
_____
_____
_____

PLANILHA DE SATISFAÇAO SEXUAL

Liste casos de comportamento sexual de seu cônjuge e suas reações emocionais correspondentes. Se achar que seu cônjuge está contrariado com suas reações espontâneas ou se você está relutante em reagir de forma espontânea e honesta, busque ajuda especializada.

Dia	Data	Horário	Tipo de Comportamento Sexual e sua Reação
1.	/	/	/
2.	/	/	/
3.	/	/	/
4.	/	/	/
5.	/	/	/
6.	/	/	/

_____
_____

7. _____/_____/_____/_____
_____
_____
_____

8. _____/_____/_____/_____
_____
_____
_____

APRENDENDO A ATENDER À NECESSIDADE DE COMPANHIA PARA ATIVIDADES DE LAZER

É BEM FÁCIL entender que, quando você e seu cônjuge passam o tempo dedicado a atividades de lazer juntos, há uma grande oportunidade de realizar grandes depósitos no Banco de Amor um do outro. Faz todo o sentido que casais aproveitem cada oportunidade de compartilhar experiências juntos porque essa é uma maneira infalível de manter o amor.

Para muitos, especialmente para os homens, atividades de lazer vão muito além do prazer e da diversão que proporcionam, a ponto de atender a uma importante necessidade emocional. É algo que lhes confere combustível para enfrentar os desafios da vida. Para os homens, a companhia da esposa durante a realização dessas atividades é particularmente satisfatória. Aqueles que compartilham das mesmas atividades de lazer e diversão constroem contas robustas nos respectivos Bancos de Amor, especialmente em se tratando de relações conjugais.

*

Casais unidos em atividades de lazer fortalecem o amor e os laços

Um dos meus objetivos ao escrever o capítulo 6 de *His Needs, Her Needs* foi encorajar os casais a aproveitar a maior parte do tempo juntos, se não todo o tempo. Trata-se de uma das ferramentas mais eficientes na construção e na manutenção do amor. Se o seu cônjuge inseriu a companhia para atividades de lazer na lista das cinco necessidades mais importantes, então você tem um motivo adicional para seguir meu conselho.

Muitos casais compartilham das mesmas atividades de lazer durante o namoro. E esse é um motivo importante que explica porque acabaram se apaixonando um pelo outro. Mas, depois do casamento, uma série de circunstâncias acaba atrapalhando e interrompendo aquela integração vista no início do relacionamento, de modo que não muito tempo depois os cônjuges acabam se envolvendo em atividades distintas e sozinhos. Digamos que os homens escolham atividades sem levar em conta os sentimentos das esposas. As mulheres, por outro lado, não pensam duas vezes antes de ir atrás de suas atividades favoritas mesmo que sejam totalmente contrárias ao gosto dos maridos. No fim, esses casais se dão conta de que "houve um distanciamento" e se perguntam quais teriam sido as razões. Eles simplesmente não levaram em consideração os gostos e a importância da presença do outro na hora de escolher suas atividades para o tempo livre. Essa falha invariavelmente conduz a um quadro grave de incompatibilidade.

Como voltar ao caminho certo depois de se ver nessa confusão? Se você não curte a atividade favorita do seu cônjuge, unidades preciosas serão sacadas do Banco de Amor a cada vez que você tentar participar dela. Ao mesmo tempo que seu cônjuge aumentará o amor por você, seu amor diminuirá para com ele. Afinal, como sempre gosto de deixar bem claro, aprovação mútua é um requisito inegociável para qualquer iniciativa que envolva o casal, de modo que não se deve participar de nenhuma atividade que faça um dos cônjuges se sentir mal ou desconfortável (Política de Acordo Mútuo). Sugiro que se abandone atividades incompatíveis e se busque aquelas em que os dois encontrem prazer e satisfação. Assim, ambos depositam unidades no Bando de Amor.

O Inventário de Satisfação de Lazer foi elaborado para lhe ajudar a descobrir atividades mutuamente prazerosas. Mais de cem atividades foram listadas, com espaço para acrescentar outras que considerar importantes. Você e seu cônjuge devem avaliar todas as atividades de lazer. Apenas aquelas que tiverem avaliação altamente positiva por parte de ambos deverão ser selecionadas para participação conjunta. As atividades que não puderem ser desfrutadas pelos dois devem ser desconsideradas ou até mesmo interrompidas.

*

É recomendável adotar atividades que agradem os dois, deixando de lado as demais

Apesar de as estratégias para aproveitar atividades juntos serem simples de implementar, eu incluí o formulário Estratégias para Satisfazer as Necessidades de Companhia para Atividades de Lazer a fim de que você possa documentar seu plano. Procurem passar juntos o máximo de tempo livre possível. O mito de que homens e mulheres não podem jamais curtir as mesmas atividades por serem diferentes é bobagem. Se estiverem dispostos a tentar aprender algo diferente, acabarão se dando conta de que têm muito mais coisas em comum do que poderiam sequer imaginar.

Ao enveredar na seara das novas atividades, a Planilha de Companhia para Atividades de Lazer será útil na documentação da evolução na conquista da compatibilidade. Algumas atividades fisgarão ambos imediatamente, enquanto outras demandarão mais tempo para que se descubra se se trata apenas de uma questão de ajustes ou não. Em resumo, abandone aquelas atividades que não agradem um dos dois.

Para que se envolver em atividades que não possam ser compartilhadas e aproveitadas pelo seu cônjuge? Entre tantas opões, qual a razão para escolher algumas com as quais seu cônjuge não se identifica? Por que não adotar aquelas que possam ser feitas pelos dois? O prazer que você tem ao fazer uma atividade de forma independente se dá à custa do amor do casal? Não vá por esse caminho. Não vale a pena pagar o preço.

INVENTÁRIO DE SATISFAÇÃO NAS ATIVIDADES DE LAZER

Indique o quanto você aprecia, ou imagina que poderia apreciar, cada atividade de lazer listada a seguir. Sejam específicos, isso é, em Artes Marciais, por exemplo, defina a modalidade. Em Futebol, por exemplo, esclareça se prefere assistir ou praticar. Nos espaços referentes à cada atividade, e abaixo da coluna apropriada (marido ou esposa), circule um dos números que reflita seu sentimento:

3 = muito agradável.
2 = moderadamente agradável.
1 = de alguma forma agradável.
0 = sem sentimento positivo ou negativo.
-1 = de certo modo desagradável.
-2 = desagradável.
-3 = muito desagradável.

Acrescente à lista, nos espaços disponíveis, as atividades de que gosta e que não estejam listadas. Na quarta coluna, adicione as avaliações de marido e esposa *apenas se as avaliações de ambos forem positivas*. As atividades com a maior soma são aquelas que vocês devem escolher para fazer juntos.

Atividade	Pontuação do marido	Pontuação da esposa	Pontuação Total
Atuar	-3 • -2 • -1 • 0 • 1 • 2 • 3	-3 • -2 • -1 • 0 • 1 • 2 • 3	
Acampar	-3 • -2 • -1 • 0 • 1 • 2 • 3	-3 • -2 • -1 • 0 • 1 • 2 • 3	
Assistir TV e/ou filmes	-3 • -2 • -1 • 0 • 1 • 2 • 3	-3 • -2 • -1 • 0 • 1 • 2 • 3	
Artes Marciais	-3 • -2 • -1 • 0 • 1 • 2 • 3	-3 • -2 • -1 • 0 • 1 • 2 • 3	
Astronomia	-3 • -2 • -1 • 0 • 1 • 2 • 3	-3 • -2 • -1 • 0 • 1 • 2 • 3	
Automobilismo	-3 • -2 • -1 • 0 • 1 • 2 • 3	-3 • -2 • -1 • 0 • 1 • 2 • 3	
Basquete	-3 • -2 • -1 • 0 • 1 • 2 • 3	-3 • -2 • -1 • 0 • 1 • 2 • 3	
Boliche	-3 • -2 • -1 • 0 • 1 • 2 • 3	-3 • -2 • -1 • 0 • 1 • 2 • 3	
Boxe	-3 • -2 • -1 • 0 • 1 • 2 • 3	-3 • -2 • -1 • 0 • 1 • 2 • 3	
Cantar	-3 • -2 • -1 • 0 • 1 • 2 • 3	-3 • -2 • -1 • 0 • 1 • 2 • 3	
Ciclismo	-3 • -2 • -1 • 0 • 1 • 2 • 3	-3 • -2 • -1 • 0 • 1 • 2 • 3	
Ir ao cinema	-3 • -2 • -1 • 0 • 1 • 2 • 3	-3 • -2 • -1 • 0 • 1 • 2 • 3	
Coleção de antiguidades	-3 • -2 • -1 • 0 • 1 • 2 • 3	-3 • -2 • -1 • 0 • 1 • 2 • 3	
Coleção de moedas	-3 • -2 • -1 • 0 • 1 • 2 • 3	-3 • -2 • -1 • 0 • 1 • 2 • 3	
Corrida	-3 • -2 • -1 • 0 • 1 • 2 • 3	-3 • -2 • -1 • 0 • 1 • 2 • 3	
Dança	-3 • -2 • -1 • 0 • 1 • 2 • 3	-3 • -2 • -1 • 0 • 1 • 2 • 3	

(continua)

Atividade	Pontuação do marido	Pontuação da esposa	Pontuação Total
Estudo bíblico	-3 • -2 • -1 • 0 • 1 • 2 • 3	-3 • -2 • -1 • 0 • 1 • 2 • 3	
Exercícios aeróbicos	-3 • -2 • -1 • 0 • 1 • 2 • 3	-3 • -2 • -1 • 0 • 1 • 2 • 3	
Fotografia	-3 • -2 • -1 • 0 • 1 • 2 • 3	-3 • -2 • -1 • 0 • 1 • 2 • 3	
Futebol	-3 • -2 • -1 • 0 • 1 • 2 • 3	-3 • -2 • -1 • 0 • 1 • 2 • 3	
Jardinagem	-3 • -2 • -1 • 0 • 1 • 2 • 3	-3 • -2 • -1 • 0 • 1 • 2 • 3	
Ir à igreja	-3 • -2 • -1 • 0 • 1 • 2 • 3	-3 • -2 • -1 • 0 • 1 • 2 • 3	
Ir à praia	-3 • -2 • -1 • 0 • 1 • 2 • 3	-3 • -2 • -1 • 0 • 1 • 2 • 3	
Ir ao shopping	-3 • -2 • -1 • 0 • 1 • 2 • 3	-3 • -2 • -1 • 0 • 1 • 2 • 3	
Jantar fora	-3 • -2 • -1 • 0 • 1 • 2 • 3	-3 • -2 • -1 • 0 • 1 • 2 • 3	
Jogos de tabuleiro	-3 • -2 • -1 • 0 • 1 • 2 • 3	-3 • -2 • -1 • 0 • 1 • 2 • 3	
Jogar cartas	-3 • -2 • -1 • 0 • 1 • 2 • 3	-3 • -2 • -1 • 0 • 1 • 2 • 3	
Jogar sinuca	-3 • -2 • -1 • 0 • 1 • 2 • 3	-3 • -2 • -1 • 0 • 1 • 2 • 3	
Jogar videogame	-3 • -2 • -1 • 0 • 1 • 2 • 3	-3 • -2 • -1 • 0 • 1 • 2 • 3	
Ler	-3 • -2 • -1 • 0 • 1 • 2 • 3	-3 • -2 • -1 • 0 • 1 • 2 • 3	
Mergulhar	-3 • -2 • -1 • 0 • 1 • 2 • 3	-3 • -2 • -1 • 0 • 1 • 2 • 3	
Musculação	-3 • -2 • -1 • 0 • 1 • 2 • 3	-3 • -2 • -1 • 0 • 1 • 2 • 3	
Ir a museus	-3 • -2 • -1 • 0 • 1 • 2 • 3	-3 • -2 • -1 • 0 • 1 • 2 • 3	
Montanhismo	-3 • -2 • -1 • 0 • 1 • 2 • 3	-3 • -2 • -1 • 0 • 1 • 2 • 3	
Natação	-3 • -2 • -1 • 0 • 1 • 2 • 3	-3 • -2 • -1 • 0 • 1 • 2 • 3	
Ouvir música	-3 • -2 • -1 • 0 • 1 • 2 • 3	-3 • -2 • -1 • 0 • 1 • 2 • 3	
Parque de diversões	-3 • -2 • -1 • 0 • 1 • 2 • 3	-3 • -2 • -1 • 0 • 1 • 2 • 3	
Passear no shopping	-3 • -2 • -1 • 0 • 1 • 2 • 3	-3 • -2 • -1 • 0 • 1 • 2 • 3	
Passeio de barco	-3 • -2 • -1 • 0 • 1 • 2 • 3	-3 • -2 • -1 • 0 • 1 • 2 • 3	
Patins	-3 • -2 • -1 • 0 • 1 • 2 • 3	-3 • -2 • -1 • 0 • 1 • 2 • 3	
Pesca	-3 • -2 • -1 • 0 • 1 • 2 • 3	-3 • -2 • -1 • 0 • 1 • 2 • 3	
Pintura	-3 • -2 • -1 • 0 • 1 • 2 • 3	-3 • -2 • -1 • 0 • 1 • 2 • 3	
Surfe	-3 • -2 • -1 • 0 • 1 • 2 • 3	-3 • -2 • -1 • 0 • 1 • 2 • 3	
Teatro	-3 • -2 • -1 • 0 • 1 • 2 • 3	-3 • -2 • -1 • 0 • 1 • 2 • 3	
Tênis	-3 • -2 • -1 • 0 • 1 • 2 • 3	-3 • -2 • -1 • 0 • 1 • 2 • 3	
Tênis de mesa	-3 • -2 • -1 • 0 • 1 • 2 • 3	-3 • -2 • -1 • 0 • 1 • 2 • 3	
Trilhas e caminhadas	-3 • -2 • -1 • 0 • 1 • 2 • 3	-3 • -2 • -1 • 0 • 1 • 2 • 3	
Voleibol	-3 • -2 • -1 • 0 • 1 • 2 • 3	-3 • -2 • -1 • 0 • 1 • 2 • 3	
Viajar	-3 • -2 • -1 • 0 • 1 • 2 • 3	-3 • -2 • -1 • 0 • 1 • 2 • 3	
Visitar parentes	-3 • -2 • -1 • 0 • 1 • 2 • 3	-3 • -2 • -1 • 0 • 1 • 2 • 3	
_____	-3 • -2 • -1 • 0 • 1 • 2 • 3	-3 • -2 • -1 • 0 • 1 • 2 • 3	
_____	-3 • -2 • -1 • 0 • 1 • 2 • 3	-3 • -2 • -1 • 0 • 1 • 2 • 3	
_____	-3 • -2 • -1 • 0 • 1 • 2 • 3	-3 • -2 • -1 • 0 • 1 • 2 • 3	
_____	-3 • -2 • -1 • 0 • 1 • 2 • 3	-3 • -2 • -1 • 0 • 1 • 2 • 3	

ESTRATÉGIA PARA ATENDER À NECESSIDADE DE COMPANHIA PARA ATIVIDADES DE LAZER

Este formulário foi criado para ajudá-lo a criar uma estratégia a fim de suprir a necessidade de companhia para atividades de lazer do seu cônjuge. Responda às seguintes questões para documentar o processo utilizado na escolha da estratégia.

1. Após completar o Inventário de Satisfação nas Atividades de Lazer, liste as atividades de recreação que você e seu cônjuge gostam de fazer.
   _____
   _____
   _____
   _____

2. Descreva seu plano para participarem juntos dessas atividades. Esteja certo de que o plano tem a aprovação de ambos e inclua um prazo para efetivação.
   _____
   _____
   _____
   _____

3. Se o plano não for colocado em prática dentro do prazo, concordaria em buscar ajuda profissional a fim de aproveitar o tempo de lazer com seu cônjuge da melhor forma possível? Como você a encontraria?
   _____
   _____
   _____
   _____

PLANILHA DE COMPANHIA PARA ATIVIDADES DE LAZER

Descreva as atividades que obtiveram as maiores pontuações de ambos os cônjuges e descreva sua reação emocional ao tempo que passaram juntos. Se você gostou, ou não, desse momento, explique o que o tornou agradável ou desagradável. Tente evitar aspectos ruins do seu tempo juntos quando fizer essa descrição. Se achar que seu cônjuge está chateado com as suas respostas honestas, ou você estiver receoso de prover tais respostas, procure ajuda profissional.

Dia	Data	Horário	Atividade de Lazer e sua Reação Emocional

1. _____/_____/_____/_____
   _____
   _____
   _____
   _____

2. _____/_____/_____/_____
   _____
   _____
   _____
   _____

3. _____/_____/_____/_____
   _____
   _____
   _____
   _____

4. _____/_____/_____/_____
   _____
   _____
   _____
   _____

5. _____/_____/_____/_____
   _____

6. _____/_____/_____/_____

7. _____/_____/_____/_____

8. _____/_____/_____/_____

APRENDENDO A DEDICAR TEMPO PARA ATENÇÃO EXCLUSIVA

No CAPÍTULO 2 de *His Needs, Her Needs*, encorajo você e seu cônjuge a investir pelo menos 15 horas por semana para dar atenção exclusiva um ao outro. Durante este período, é possível atender às necessidades emocionais de afeição, conversa íntima, satisfação sexual e companhia para atividades de lazer. São 15 horas de encontros dedicados ao amor por semana.

Agora que teve a oportunidade de entender como atender às necessitadas mencionadas, você está prestes a aplicar o que aprendeu dando um ao outro a atenção aqui recomendada. Isso contribuirá para um depósito maciço de unidades no Banco de Amor, condição necessária para a manutenção da harmonia e do entrosamento do casal.

Uma observação que sempre faço questão de enfatizar nos meus livros é que o amor não pode ser criado ou sustentado sem tempo para dedicação exclusiva. Não é preciso ser um gênio para constatar que, a menos que você organize seu tempo para poder atender às necessidades emocionais do seu companheiro ou companheira, essas necessidades acabarão ficando de lado.

Então, eu incluí folhas de exercícios para ajudá-lo a se organizar a fim de criar tempo para suprir as necessidades emocionais de ambos. Dedicar tempo para dar atenção exclusiva ao outro é uma das tarefas mais importantes e ao mesmo tempo mais desafiadoras deste livro. Não porque os casais não queiram passar momentos juntos, mas porque os imprevistos e a correria do dia a dia acabam atrapalhando e impedindo que os planos aconteçam.

*

Cultivar o amor é um desafio que requer 15 horas de atenção exclusiva por semana

Durante o período de namoro, você sabia muito bem que se deixasse de dedicar tempo ao namorado ou à namorada, ele ou ela acabariam nos braços de outra pessoa. Além disso, naquela época você era menos ocupado. Após o casamento, você se encontra na situação da maioria dos casais e tende a não dar muito valor ao que possui, jogando o outro para escanteio. Mas eu alerto que, se não se esforçar para dedicar tempo e atenção exclusiva ao outro — por pelo menos 15 horas por semana — você nunca conseguirá atender às necessidades emocionais e o relacionamento irá por água abaixo.

Os formulários que incluí para ajudá-lo a se manter no caminho certo são: Planilha de Tempo de Atenção Exclusiva e Gráfico de Tempo de Atenção Exclusiva. Eles são similares à Planilha de Comprometimento Familiar e ao Gráfico para Qualidade do Tempo com a Família. E o objetivo também é similar. Da mesma forma que é necessário reservar tempo para dedicar à família, também é preciso planejar tempo para atender às necessidades emocionais do seu cônjuge.

Quatro necessidades emocionais devem estar no foco da atenção exclusiva. São elas: afeição, conversa íntima, satisfação sexual e companhia para atividades de lazer. Se falhar ao dedicar tempo a essas necessidades, o estrago pode ser grande.

Mais adiante neste livro vou recomendar que você dedique outras 15 horas por semana para a família — e tempo de qualidade. O bom observador já reparou que a soma dos tempos dedicados ao cônjuge e à família é de 30 horas semanais. Ao acrescentar 40 ou 50 horas de trabalho, quanto sobra?

Digamos que, se você dorme oito horas por noite, sobram 32 horas. É só considerar as 168 horas disponíveis em uma semana e subtrair desse total 56 horas de sono, 50 horas de trabalho, 15 horas de tempo de qualidade com a família, e 15 horas de atenção dedicada ao cônjuge. As 32 horas restantes são tempo suficiente para se preparar para o trabalho pela manhã, e para ir dormir à noite, além de dirigir até o trabalho e depois de volta para a casa, ir para a igreja, fazer exercícios físicos, entre outras atividades.

✱

Nas 168 horas da semana, há tempo suficiente para dormir, trabalhar, se alimentar e amar

Mas, se você não for uma pessoa organizada, não vá sacrificar sua família e o seu casamento. Priorize o que mais importa — tempo de qualidade para a família e atenção exclusiva voltada ao cônjuge. Se as outras coisas forem importantes, você conseguirá encontrar formas de encaixá-las em algum espaço na agenda.

PLANILHA DE TEMPO DE ATENÇÃO EXCLUSIVA

Informe o tempo de atenção exclusiva dedicado um ao outro, excluindo amigos, parentes ou filhos. E esse tempo precisa ser utilizado para conversas íntimas, afeição, sexo, ou atividades de lazer entre o casal.

Primeiro planeje tempo para passarem juntos e preencha os dados na parte correspondente da planilha. O total da semana deve somar 15 horas ou mais. A partir daí, na medida em que a semana vai se desenrolando, informe o tempo passado efetivamente juntos. A estimativa de tempo realmente voltada à atenção exclusiva depende de como cada um se sente em relação a isso. O casal pode ter passado duas horas juntos e um dos cônjuges sentir que apenas 30 minutos foram dedicados exclusivamente a ele. Por conta desse tipo de diferença, cada um dá a sua estimativa. Na última coluna, a menor estimativa deve ser inserida e considerada. Se uma atividade planejada é cancelada, explique o motivo no campo das atividades realizadas.

Ao final da semana, o total da coluna com a menor estimativa deve ser inserido no Gráfico de Tempo de Atenção Exclusiva. E deveria ser de 15 horas ou mais caso queira sustentar o amor no casamento.

Aprendendo a atender às necessidades emocionais mais importantes

Tempo Planejado Juntos			Tempo Efetivamente Juntos			
Data Planejada	Tempo Planejado	Tempo Total Planejado	Atividades Planejadas	Atividades Realizadas	Estimativa Dela	Estimativa Dele	Menor Estimativa

TEMPO TOTAL POR SEMANA _____

TEMPO TOTAL POR SEMANA _____

GRÁFICO DE TEMPO DE ATENÇÃO EXCLUSIVA

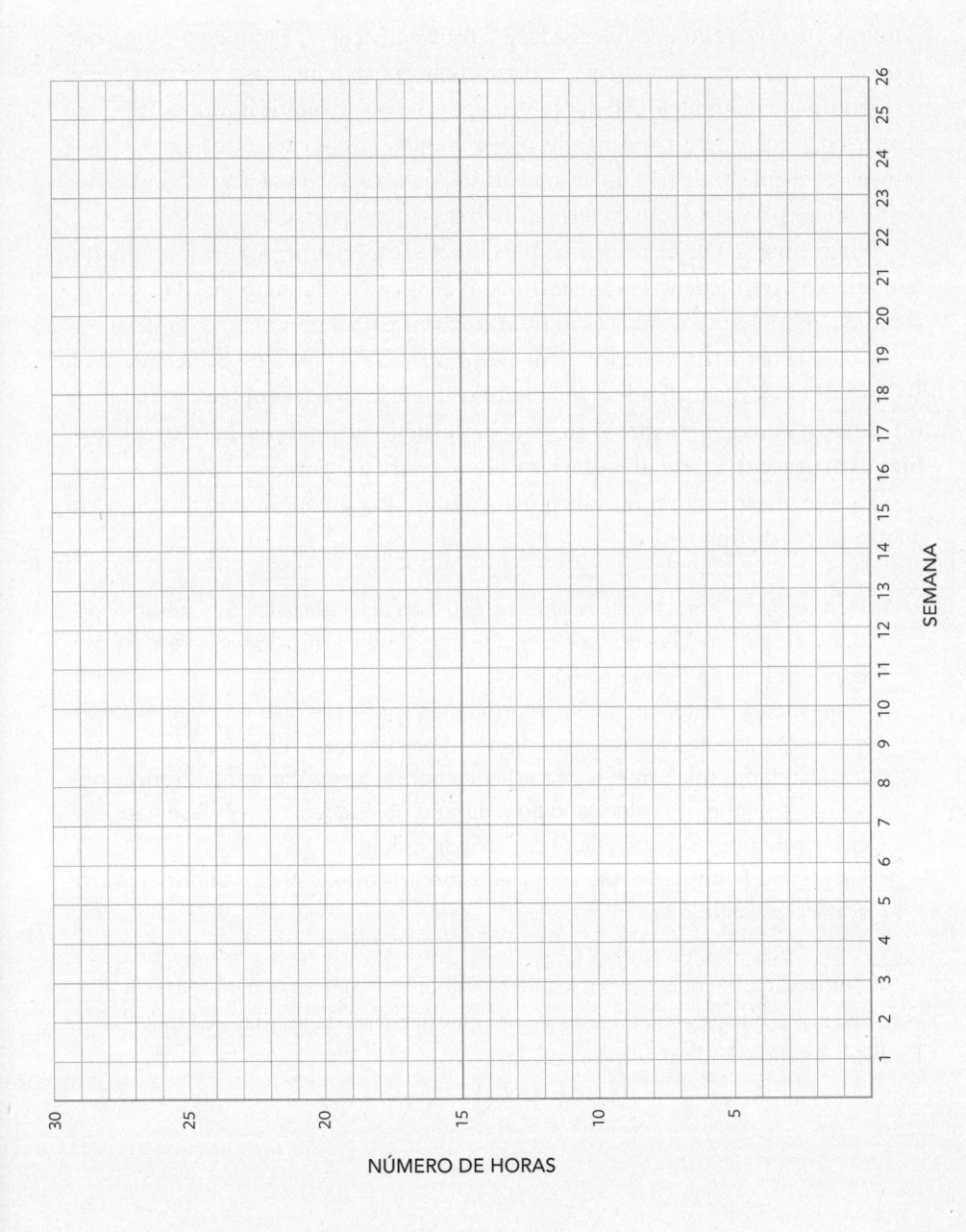

APRENDENDO A ATENDER À NECESSIDADE DE HONESTIDADE E TRANSPARÊNCIA

ADOTAR UMA POSTURA de honestidade e transparência no casamento é algo que proporciona inúmeras vantagens. Se o seu cônjuge não tem acesso aos fatos, como resolver problemas juntos? Ao dar informações falsas ou omitir informações sobre si mesmo, você estará condenando o seu cônjuge a cometer erros graves. Seja transparente em vez de tentar dar um jeitinho de encaixar a sua narrativa. A desonestidade torna a satisfação conjugal difícil de ser conquistada.

Ninguém gosta de mentira, mas para muitos, especialmente para as mulheres, honestidade e transparência assumem o status de necessidade emocional que, quando atendida, proporciona condições muito favoráveis para a preservação do amor.

Como já recomendei no livro *His Needs, Her Needs*, mais especificamente na Política de Honestidade Radical, no capítulo 7: **revele ao seu cônjuge o máximo de informações possíveis sobre si mesmo, incluindo sentimentos, hábitos, gostos, histórico pessoal, atividades diárias e planos para o futuro.**

Para explicar essa regra, vale a pena simplificar o conceito dividindo-a em quatro partes distintas.

1. Honestidade emocional: revele ao seu cônjuge suas reações emocionais, tanto negativas quanto positivas, principalmente no que diz respeito ao comportamento de seu cônjuge.
2. Honestidade histórica: revele informações sobre sua história pessoal, especialmente acontecimentos que demonstram fraqueza e fracasso.
3. Honestidade atual: revele informações sobre o seu dia a dia. Proporcione ao seu cônjuge um calendário com as suas atividades, com ênfase naquelas que podem ter alguma influência na vida a dois.
4. Honestidade futura: revele seus pensamentos e seus planos sobre objetivos e atividades futuras.

O procedimento que sigo para ajudar casais a se tornarem mais abertos e honestos é fazer com que prestem atenção a essas quatro partes da Política de Honestidade Radical, e depois ensinar como segui-las.

INVENTÁRIO DE HONESTIDADE E TRANSPARÊNCIA

Responda às questões a seguir. Suas respostas para as partes das questões que se referem ao seu cônjuge devem refletir sua melhor tentativa sem que peça uma resposta diretamente a ele.

1. Quando não age de forma honesta com seu cônjuge, que tipo de informação você tende a não revelar? (Circule as que achar apropriadas.)

    Reações emocionais - Histórico pessoal - Acontecimentos cotidianos - Planos futuros

    Quando seu cônjuge não é honesto com você, que tipo de informação você acredita que ele esconde entre os quatro tipos citados?

    Reações emocionais - Histórico pessoal - Acontecimentos cotidianos - Planos futuros

2. Por quais motivos você não é transparente com seu cônjuge? E por que acha que ele não é transparente com você?

    _____
    _____
    _____
    _____

3. Quando você não é transparente, como costuma agir? E o seu cônjuge, como acredita que ele age quando falta transparência?

    _____
    _____
    _____
    _____

4. Quando você não é honesto e transparente com seu cônjuge, como isso o faz se sentir? E como você se sente quando seu cônjuge não é honesto e transparente com você?

    _____
    _____
    _____

5. Quando você tenta ser honesto e transparente com seu cônjuge? Como faz isso? Quando e como seu cônjuge tenta ser honesto e transparente com você?
   _____
   _____
   _____
   _____

6. Você está disposto ou disposta a agir com honestidade e a ser transparente com seu cônjuge? Por que sim ou por que não?
   _____
   _____
   _____
   _____

7. Acrescente qualquer informação que ajude você e seu cônjuge a ser honestos e transparentes no futuro.
   _____
   _____
   _____
   _____
   _____
   _____
   _____

ESTRATÉGIA PARA SE TORNAR HONESTO E TRANSPARENTE

Este formulário foi desenvolvido para ajudá-lo a criar uma estratégia para se tornar honesto e transparente. Complete cada seção a fim de documentar o processo que utilizou para selecionar uma estratégia.

1. Descreva sua dificuldade para ser honesto e transparente. Inclua uma descrição de seus sentimentos, seus pensamentos, suas atitudes e em que categoria de honestidade e transparência ela se encaixa melhor: emocional, histórica, presente ou futuro.

   _____
   _____
   _____
   _____

2. Descreva as condições que lhe fazem tropeçar quando o assunto é ser honesto e transparente, incluindo pessoas, locais, comportamentos etc.

   _____
   _____
   _____
   _____

3. Que tipo de mudança nas condições citadas anteriormente poderia lhe ajudar a se tornar honesto e transparente?

   _____
   _____
   _____
   _____

4. Que tipo de mudança descrita na questão anterior pode ser implementada com o suporte entusiástico de seu cônjuge?

   _____
   _____
   _____
   _____

5. Descreva seu plano para mudar essas condições. Inclua um prazo para que o plano seja finalizado e assegure a aprovação e o envolvimento do seu cônjuge para o sucesso do plano.

_____
_____
_____
_____

6. Quais mudanças descritas na questão anterior não podem ser realizadas sem o apoio de seu cônjuge ou simplesmente não podem ser realizadas?

_____
_____
_____
_____

7. Descreva seu plano para se tornar honesto e transparente quando as condições descritas na pergunta 6 existirem. Inclua um prazo e se certifique de que o plano tem o apoio de seu cônjuge.

_____
_____
_____
_____

8. Como você vai mensurar o sucesso de seu plano? A maneira escolhida tem o suporte de seu cônjuge?

_____
_____
_____
_____

9. Se o plano falhar, estaria disposto ou disposta a buscar ajuda profissional? Como encontraria tal ajuda?

_____
_____
_____
_____

PLANILHA DE HONESTIDADE E TRANSPARÊNCIA

Liste os momentos em que você falhou ao tentar ser honesto e transparente. Geralmente, você preenche as planilhas relatando o comportamento do seu cônjuge e ele faz o mesmo em relação a você. Mas, neste caso, vocês devem preencher juntos, uma vez que deve haver falhas suas relacionadas à falta de honestidade e transparência das quais o seu cônjuge jamais viria a ter conhecimento, caso você não as relatasse, e vice-versa.

Dia	Data	Horário	Tipo de Honestidade e Circunstâncias
1.	/	/	/
2.	/	/	/
3.	/	/	/
4.	/	/	/
5.	/	/	/

6. _____/_____/_____/_____
   _____
   _____
   _____

7. _____/_____/_____/_____
   _____
   _____
   _____

8. _____/_____/_____/_____
   _____
   _____
   _____

APRENDENDO A ATENDER
À NECESSIDADE DE ATRATIVIDADE FÍSICA

Ao nos casar, a maioria de nós considera nosso cônjuge fisicamente atraente. Maridos gostariam que suas esposas sempre os achassem fisicamente atraentes, da mesma forma que esposas desejariam que eles sempre as achassem maravilhosamente belas. Antes do casamento, a maioria de nós fez um esforço para desenvolver e manter corpos atraentes. Fazíamos exercícios, dieta, escolhíamos nossas roupas com atenção e dávamos aquele capricho na higiene pessoal. Se falhássemos nesse aspecto, corríamos o risco de perder quem tanto desejávamos.

Após o casamento, a coisa muda de figura. O outro já foi fisgado! Queremos que ele nos ame por quem somos e da forma como somos, e não pela nossa aparência — e para muitos a aparência sofre uma mudança radical. Tudo bem se a aparência física não é uma das necessidades emocionais mais importantes de seu cônjuge, mas, se figurar entre as cinco principais para ele, existirão sérios problemas.

Discuto a necessidade de atratividade física no capítulo 8 do livro *His Needs, Her Needs*. Esse é um assunto delicado, na medida em que, como já mencionei, a maior parte das pessoas espera que o outro as achem incondicionalmente atraentes. Ao descobrir que nossos cônjuges não nos consideram atraentes como já fomos um dia, muitos de nós nos sentimos profundamente ofendidos. Por isso é tão difícil falar sobre essa necessidade não atendida. Se ficamos demasiado ofendidos com tal revelação, não surpreende que nossos cônjuges prefiram deixar essa necessidade em segundo plano em vez de enfrentar o fato de que o problema existe.

Se seu cônjuge identificou a atração física como uma lacuna emocional, significa que o obstáculo da honestidade já foi ultrapassado e se está em uma ótima posição para que seja possível resolver o problema. Primeiro, é preciso saber quais mudanças na sua aparência física seu cônjuge mais deseja. O *Inventário de Aparência Física* lhe ajudará a ter essas respostas.

Uma vez identificadas as características a serem transformadas, o formulário Estratégia para Atender à Necessidade de Atração Física pode ajudá-lo a traçar uma estratégia de ação. Esse formulário deve ser preenchido para cada característica listada no Inventário de Aparência Física. Algumas mudanças se dão quase sem esforço, de forma praticamente automática, enquanto outras demandarão altas doses de disciplina e de comprometimento. Pode ser necessário recorrer a ajuda profissional para tópicos como perda e controle de peso, por exemplo. Caso precise desse tipo de ajuda, certifique-se de que o profissional escolhido seja amparado por um robusto histórico de sucesso. Cuidado com aquelas pessoas cheias de boas intenções, que são loucas para ajudar, mas não sabem como.

Pela minha experiência, posso afirmar que as mudanças naturais que ocorrem com o passar dos anos não reduzem necessariamente a atratividade aos olhos do cônjuge que tem mais ou menos a mesma idade. O problema normalmente reside na falta de cuidados pessoais. O esforço para contemplar as preferências do cônjuge e ser o mais atraente possível costuma ser o suficiente para resolver a questão.

*

A aparência muda com o tempo, e está tudo bem. Só não pode faltar cuidados pessoais

INVENTÁRIO DE APARÊNCIA FÍSICA

Após o título "Características de Atratividade a Serem Criadas", descreva as mudanças na aparência física que você gostaria que seu cônjuge realizasse. Responda incluindo considerações sobre peso, forma física, roupas, cabelos, hábitos de higiene, maquiagem, sobrancelhas, bigodes e barba. Adicione mais categorias que considera que afetem a atratividade de seu cônjuge para você. Seja o mais específico possível ao descrever as mudanças na aparência física. Se precisar de mais espaço, use uma folha separada.

Características de atratividade a serem criadas

1. _____
_____

2. _____
_____

3. _____
_____

4. _____
_____

5. _____
_____

6. _____
_____

ESTRATÉGIA PARA ATENDER
À NECESSIDADE DE ATRAÇÃO FÍSICA

Este formulário foi desenvolvido para ajudá-lo a criar uma estratégia de melhora para estas características de atratividade física:

_____
_____

Complete cada seção a fim de documentar o processo usado para selecionar a estratégia.

1. Descreva a característica física que seu cônjuge gostaria que você melhorasse.
   _____
   _____
   _____
   _____

2. Descreva seu plano para melhorar a característica física mencionada na questão anterior. Inclua prazo e tenha certeza de que ambos aprovam e estão de acordo com o plano.
   _____
   _____
   _____
   _____

3. Se o plano não der certo, considera a sugestão de buscar ajuda profissional? Como você buscaria tal ajuda?
   _____
   _____
   _____
   _____

APRENDENDO A ATENDER
À NECESSIDADE DE APOIO FINANCEIRO

A NECESSIDADE DE apoio financeiro abordada no capítulo 9 de *His Needs, Her Needs*, normalmente é escolhida pelas mulheres como uma das cinco mais importantes. Homens raramente indicam essa necessidade, embora seja possível que haja mudanças no futuro. Por enquanto, essa diferença é óbvia quando se pergunta, "Você se casaria com alguém que preferisse ser sustentado financeiramente ou que se dedicasse a uma atividade não remunerada, como criar os próprios filhos ou aderir ao voluntariado de causas sociais?" Hoje, muitos homens diriam sim e muitas mulheres responderiam não.

Se uma mulher tem necessidade de apoio financeiro, faz sentido que seja contrária à ideia de sustentar um homem. Afinal, como a necessidade dela poderia ser atendida se ele ficasse esperando que ela o bancasse? Constatei que mesmo entre as mulheres que não precisam de apoio financeiro, a ideia de sustentar homens causa repulsa. Essas mulheres esperam que os homens pelo menos dividam as contas com elas. Elas geralmente se sentem "usadas" quando se veem na situação de ter que custear os gastos de homens que não se dispõem a ganhar a vida.

Para mim, essa indisposição para dar suporte econômico aos homens reflete uma profunda e arraigada necessidade emocional por apoio financeiro. As mulheres se tornaram financeiramente independentes em nossa sociedade, mas não estou convencido de que a atitude delas tenha mudado consideravelmente em relação a como encaram o suporte financeiro a homens desempregados.

*

Para mulheres em geral, a ideia de apoiar homens
financeiramente é um tanto repulsiva

A maioria dos homens encoraja suas esposas a batalhar por carreiras profissionais em prol da própria satisfação pessoal delas. Se elas preferirem escolher atuar como voluntárias de causas sociais em vez de trabalhar de forma remunerada, a maioria dos homens lida bem com isso, mas o fracasso de um homem em seu desenvolvimento no *front* profissional pode levar a um desastre matrimonial.

Existem exceções. Se nenhum dos cônjuges têm necessidade de apoio financeiro, nenhum deles é contrário à ideia de dar apoio ao outro. Em casamentos desse tipo, os cônjuges compartilham as despesas do lar a partir da renda de cada um, e costumam se revezar no papel de provedor: um cuida dos gastos durante um tempo enquanto o outro não estiver trabalhando, e vice-versa. Nesse tipo de interação eles não ficam contabilizando tudo na ponta do lápis para ver quem está contribuindo mais.

Também testemunhei casamentos em que os homens listam o apoio financeiro como uma de suas cinco necessidades emocionais mais importantes, enquanto suas esposas não têm essa necessidade. Esses casamentos podem ser satisfatórios com a condição de que (1) marido e esposa tenham uma clara compreensão de que caberá a ela o papel de provedora e desde que (2) ela não tenha aversão a bancar o marido. Casais podem e funcionam bem com os papéis tradicionais invertidos. Entretanto, se a mulher tiver uma necessidade velada por apoio financeiro, a aversão por sustentar o marido acabará tomando seu coração, e ao final ela achará que o seu casamento é frustrante e insatisfatório.

Quando a mulher tem a necessidade de apoio financeiro, ela espera que a renda do marido seja suficiente para custear os gastos dela e dos filhos, enquanto a renda dela fica disponível para presentes, viagens, itens de luxo e outros do gênero. Essa concepção que muitas mulheres têm raramente é discutida antes do casamento, de modo que muitos homens entram acreditando que elas estão dispostas a rachar as despesas comuns, sobretudo em se tratando de mulheres com carreiras profissionais. Entretanto, a uma certa altura, essas mulheres acabam se abrindo e explicando aos seus maridos que não esperavam ter de dividir as despesas após o casamento. Elas se desculpam por terem agido de forma egoísta e concordam em começar a dividir os gastos. Mas o clima de descontentamento continua no ar porque uma das necessidades importantes para elas não está sendo atendida conforme imaginado.

*

O ideal é definir detalhes sobre as finanças antes do casamento a fim de evitar problemas

Uma maneira bem razoável de enfrentar esse tipo de problema é começar com uma análise de como os recursos financeiros existentes estão sendo alocados. Se a renda do marido for suficiente para sustentar esposa e filhos, o problema estará resolvido pela simples utilização do salário para o pagamento das necessidades familiares básicas. O marido tem crédito por ser o provedor, e fim de papo. Mas, se os rendimentos forem insuficientes para cobrir as necessidades básicas, a situação muda de figura. Será necessário cortar despesas domésticas ou até mesmo partir para uma mudança de emprego ou de carreira.

Eu criei um formulário para ajudar os casais nesse tipo de análise, o Inventário de Apoio Financeiro: Orçamento de Necessidades e Desejos. Todo domicílio deveria contar com um orçamento, mas este modelo é um pouco diferente dos que você conhece. Ele ajuda a entender melhor a necessidade de apoio financeiro. Sabe-se que o cônjuge que tem essa necessidade — na maioria dos casos a esposa — ficará satisfeito quando a definição que ele tem de apoio financeiro for contemplada.

Cabe ao cônjuge que não está tendo a sua necessidade de apoio financeiro atendida o preenchimento deste inventário. Sob o orçamento relativo às necessidades, as despesas básicas da família são calculadas e totalizadas. Se o total for menor ou igual à renda do cônjuge, então, por definição, a necessidade de apoio financeiro foi completamente atendida. O que acontece muitas vezes é que a esposa simplesmente não reconhecia que a renda do marido estava sendo direcionada ao apoio dela. Se, entretanto, a renda dele for insuficiente, existirão pelo menos duas soluções para o problema: (1) reduzir gastos domésticos, embora garantindo o básico, ou (2) aumentar o rendimento por meio de aumento de salário, uma mudança de emprego ou mesmo de carreira.

Elaborei o formulário Estratégia para Atender à Necessidade de Apoio Financeiro voltado à documentação do processo. O cônjuge responsável pelo provimento financeiro — tradicionalmente o marido, embora a situação tenha mudado bastante nos últimos anos — deve preencher este formulário. Quando o plano for completado, um novo orçamento de necessidade deve refletir o sucesso do plano. Em outras palavras, quando sua esposa preencher novamente o orçamento de necessidades, o rendimento dele deverá cobrir tranquilamente as despesas básicas da família.

O orçamento de necessidade é o foco principal do inventário, mas os outros dois orçamentos também são muito úteis.

O orçamento de desejos reflete o custo de atender às aspirações razoáveis que são geralmente mais caras que as necessidades. Nesta coluna, o rendimento de ambos deve constar. A coluna do orçamento custeável ajuda a identificar os desejos que você tem condições de bancar, e será determinada pela soma dos ganhos de ambos os cônjuges. O orçamento custeável é equilibrado, na medida em que entradas e despesas se equivalem.

Uma última consideração sobre este tema. Você e seu cônjuge devem conversar e entrar em acordo sobre escolhas de carreira profissional e finanças antes de tomarem qualquer decisão final (leia os capítulos 12 e 13 de *Love Busters*). Você se dará conta de que as decisões mais sábias são aquelas que refletem a vontade de atender às necessidades e às preferências um do outro. Embora não se possa ter tudo, é muitas vezes possível ter as coisas que são mais importantes para cada um. Mesmo que um item não seja importante para os dois, um dos cônjuges pode fazer um esforço e ficar genuinamente contente ao ver como a aquisição daquele bem ou produto atende à necessidade ou ao desejo do outro. Isso é o que acontece nos grandes casamentos.

INVENTÁRIO DE APOIO FINANCEIRO: ORÇAMENTO DE NECESSIDADES E DESEJOS

Este inventário ajuda a esclarecer a necessidade de apoio financeiro e deve ser preenchido pelo cônjuge que tem essa necessidade.

Crie três orçamentos no espaço fornecido. Na coluna das necessidades, indique o custo mensal para atender às necessidades básicas, incluindo os itens cuja falta causa desconforto. Na seção de rendimentos, inclua apenas o rendimento do seu cônjuge.

Na coluna de desejos, indique o custo de atender às suas necessidades e seus desejos. Esses desejos devem ser razoáveis e não dizem respeito, por exemplo, a uma casa ou carro novo, a menos que você esteja aspirando conquistá-los há muito tempo. Tanto o seu rendimento como o do seu cônjuge deve constar nessa coluna.

A coluna do orçamento custeável deve incluir a soma de todas as necessidades e apenas a soma dos desejos que podem ser cobertos pelos rendimentos combinados dos dois cônjuges. Em outras palavras, os rendimentos devem equivaler às despesas, e a diferença entre ambos deve ser igual a zero. Esse orçamento custeável deve nortear as finanças domésticas se os dois cônjuges estão de acordo quanto às somas listadas.

Pagamentos relativos aos últimos meses (ou ano, se possível) ajudam a definir estimativas corretas. Use médias mensais para itens que não são pagos mensalmente, tais como consertos e manutenções, viagens e presentes. Alguns itens obrigatórios, como pagamento das prestações da casa, vão aparecer tanto na coluna das necessidades quanto na dos desejos. Outros, como viagens, são desejos e não necessariamente necessidades. Recomendo que seja incluído entre as necessidades um fundo de emergência equivalente a 10% do orçamento para evitar problemas diante de gastos inesperados. Em meses em que não houver emergências, esse dinheiro deve ser guardado para o futuro. A maioria dos lares sofre de estresse financeiro desnecessário quando não guardam reservas para emergências. Há ainda espaços em branco para inclusão de outras despesas, caso ache necessário.

Se o rendimento do seu cônjuge for igual ou maior que o total de despesas da coluna de necessidades, isso significa que é suficiente para cobrir e atender às necessidades básicas. Assim como também pode estar cobrindo alguns desejos. Isso pode não parecer óbvio, já que você ainda não estava dividindo duas despesas em necessidades e desejos. Sua necessidade por suporte financeiro está sendo suprida quando seus ganhos são utilizados para pagar por desejos não incluídos nos gastos de seu cônjuge.

Caso contrário, se os ganhos de seu cônjuge não são suficientes para pagar pelas suas necessidades, é preciso buscar uma saída via reduções de custos ou aumento de receitas, um novo emprego ou uma nova carreira.

Rendimentos e despesas domiciliares	Orçamento de necessidades	Orçamento de desejos	Orçamento custeável
DESPESAS			
Impostos			
IPVA			
IPTU			
Outros			
Juros			
Financiamento de imóvel			
Cartão de crédito			
Financiamento de veículo			
Outros			
Seguros			
Residencial			
Veicular			
De vida			
Médico e odontológico			
Outros			
Despesas da casa			
Obras			
Segurança			
Manutenção			
Limpeza			
Água, luz, internet e gás			
Aquisição de móveis			
Aquisição de utilidades domésticas			
Aquisição e planos de celular			
Outros			
Automóveis (dele e dela)			
Combustível			
Manutenção			
Depreciação			
Outros			
Alimentação e entretenimento			
Mercado			
Refeições fora de casa			

(continua)

Rendimentos e despesas domiciliares	Orçamento de necessidades	Orçamento de desejos	Orçamento custeável
Viagens			
TV a Cabo			
Assinatura de jornais e revistas			
Outros			
Saúde			
Plano médico			
Plano odontológico			
Medicamentos			
Academia			
Dieta			
Outros			
Vestuário			
Marido (compra)			
Esposa (compra)			
Crianças (compra)			
Lavanderia			
Reparos			
Outros			
Pessoal			
Mesada do marido			
Mesada da esposa			
Mesada das crianças			
Doações e presentes			
Igrejas			
Entidades			
Presentes de aniversário, Natal etc.			
Animais de estimação			
Comida			
Veterinário			
Outras			
Poupança e investimentos			
Educação dos filhos			
Previdência privada			
Poupança para outros projetos			

(continua)

Rendimentos e despesas domiciliares	Orçamento de necessidades	Orçamento de desejos	Orçamento custeável
Outras despesas domésticas			
Bancárias			
Legais			
Contador			
Fundo de emergência (10%)			
Total de despesas domiciliares			
RENDIMENTOS			
Salário do marido			
Outras receitas do marido			
Salário da esposa			
Outras receitas da esposa			
Renda de investimentos			
Renda com juros			
Total dos rendimentos domiciliares			
Rendimentos menos Despesas			

ESTRATÉGIA PARA ATENDER
À NECESSIDADE DE APOIO FINANCEIRO

Este formulário foi desenvolvido para ajudá-lo a criar uma estratégia para suprir as necessidades financeiras de seu cônjuge. Complete as seções para documentar o processo usado a fim de selecionar a estratégia.

1. Em relação ao Inventário de Apoio Financeiro: Orçamento de Necessidades e Desejos preenchido pelo seu cônjuge, liste despesas do orçamento de necessidades, incluindo seus valores, que podem ser reduzidas sem sacrificar as necessidades básicas do seu cônjuge.

   _____
   _____
   _____
   _____
   _____
   _____
   _____
   _____
   _____

2. Descreva seu plano para reduzir esses valores. Certifique-se de que o plano tem a aprovação e o apoio do seu cônjuge e inclua prazo para determinar se as reduções são possíveis.

   _____
   _____
   _____
   _____
   _____
   _____
   _____
   _____
   _____
   _____

3. Se o plano para reduzir despesas básicas não for alcançado no prazo estipulado, descreva uma estratégia para aumentar seus rendimentos. Pode ser que você considere passos subsequentes tais como (1) pedir aumento de salário, e, se não conseguir, (2) mudar de emprego, e, se não conseguir, (3) se preparar para uma carreira mais bem remunerada. Assegure o apoio e a aprovação do cônjuge e inclua um prazo para cada etapa mencionada.

_____
_____
_____
_____
_____
_____
_____
_____
_____
_____

4. Se o plano para aumentar seus rendimentos não for bem-sucedido, concordaria em buscar ajuda especializada e vocacional? Como buscaria tal ajuda?

_____
_____
_____
_____
_____
_____
_____
_____
_____
_____
_____
_____

APRENDENDO A ATENDER
À NECESSIDADE DE SUPORTE DOMÉSTICO

O ATENDIMENTO DA necessidade de suporte doméstico, tradicionalmente interpretado como a realização das tarefas do lar por parte das mulheres, é algo que vem sobrecarregando os ombros femininos por milhares de anos em praticamente todas as culturas. Mas, recentemente, uma mudança de hábito vem colocando essa realidade em xeque em milhares de lares.

A necessidade de suporte doméstico existe sobretudo entre os homens. Eles têm grande prazer e satisfação quando alguém cuida das tarefas domésticas de uma maneira tão competente que o lar assume o papel de refúgio contra as pressões cotidianas, em vez de representar apenas mais uma fonte de estresse. O suporte doméstico normalmente inclui limpar a casa, preparar alimentos, lavar roupas e cuidar dos filhos. Para muitos, o simples atendimento dessa necessidade já é capaz de estabelecer a condição necessária para o amor.

*

*No passado o suporte doméstico era provido pelas
mulheres, mas as coisas mudaram*

Independentemente de especificidades culturais, recomendo que você considere o suporte doméstico caso seu cônjuge tenha listado essa necessidade entre as cinco mais importantes. No capítulo 10 de *His Needs, Her Needs*, discorro sobre esse tema e sugiro formas de contemplá-lo. Minha abordagem é voltada para ajudar o casal a focar o tipo de comportamento mais apreciado.

O primeiro passo é identificar as suas responsabilidades domésticas (incluindo cuidar dos filhos). O Inventário de Responsabilidades Domésticas ajuda a (1) listar cada responsabilidade, (2) descrever o que e quando precisa ser feito e (3) avaliar o nível de importância de cada atribuição para ambos os cônjuges.

O segundo passo é distribuir as responsabilidades de acordo com as preferências dos cônjuges. Assim, transfira os itens do Inventário de Responsabilidades Domésticas para os questionários Responsabilidades Domésticas Dele, e Responsabilidades Domésticas Dela. Após fazer isso, você terá três listas: (1) a do marido, (2) a da esposa e (3) a lista das tarefas que ainda precisam ser atribuídas. Esta terceira lista é formada pelas tarefas que nenhum dos dois gostaria de assumir, mas que pelo menos um cônjuge acredita que devem ser feitas.

O terceiro passo é atribuir a realização das responsabilidades da terceira lista ao cônjuge que considera a tarefa importante. Trata-se de uma divisão justa, porque atribui responsabilidade a quem tem mais disposição e a quem mais se beneficiará com a realização das tarefas em questão. Agora sobraram apenas duas listas de responsabilidades domésticas – a do marido e a da esposa. Levando em consideração que você provavelmente não dispõe de tempo ou energia para cuidar de tudo por conta própria, você poderá contratar alguns serviços de terceiros. Ou chegará à conclusão de que nem todas as tarefas listadas são tão importantes assim.

O quarto e último passo no atendimento da necessidade de suporte doméstico eleva a justa divisão do trabalho a um nível que, de fato, conduz ao atendimento dessa necessidade. Você pode não estar a fim de assumir determinada tarefa porque não acredita que ela precise ser feita. Mas, se seu cônjuge pensa diferente e acredita que ela deve, sim, ser feita, essa pode ser uma oportunidade para você realizar um aporte maciço no Banco de Amor.

Ao lado do nome de cada tarefa na lista do marido e na lista da esposa, escreva um número de 0 a 5 indicando a quantidade de unidades que seriam depositadas no Banco de Amor caso seu cônjuge fizesse aquela tarefa para você, ou se ele lhe ajudasse a fazê-la. Use uma escala de 0 a 5 em que 0 significa sem prazer e 5 representa o máximo prazer e gratidão eterna.

Se seu cônjuge tem necessidade de suporte doméstico, sempre que realizar uma tarefa avaliada por ele em 4 ou 5, você estará depositando unidades de amor para manter ou mesmo aumentar o sentimento dele por você. A resposta do seu cônjuge a cada vez que você ajuda comprova se unidades de amor estão realmente sendo depositadas. Se ele lhe agradece e expressa consideração com afeição, você sabe que tomou a melhor decisão. Mas, se seu cônjuge lhe ignora depois de fazer uma das tarefas, volte para a lista dele e escolha outra que possa ter um impacto positivo maior.

*

Cônjuges podem entrar em acordo para dividir tarefas do lar com base em suas preferências

Um aviso importante, certifique-se de que cuida das tarefas para seu cônjuge de maneira que não representem um fardo para você. Se para depositar unidades no Banco de Amor do seu cônjuge você precisa vê-las desaparecer da sua conta, não haverá nenhum benefício para o relacionamento.

INVENTÁRIO DE RESPONSABILIDADES DOMÉSTICAS

Este formulário ajuda a identificar todas as suas responsabilidades domésticas. Mas, antes de preenchê-lo, você e seu cônjuge devem carregar um bloco de anotações durante alguns dias, tomando nota da maior quantidade possível de tarefas domésticas das quais se lembrarem. Inclua os nomes dessas atividades, além de uma breve descrição do que precisa ser feito e de quando deve ser feito.

Após ambos terem feito listas de responsabilidades domésticas, faça muitas cópias deste formulário porque é necessário que ele agregue as informações das duas listas, organizando as tarefas por ordem alfabética para evitar duplicidade. Indique ainda a relevância de cada atividade da lista unificada, conferindo pontuação de 0 a 5 de acordo com o nível de importância.

Tarefa	Descrição	Avaliação dele	Avaliação dela

RESPONSABILIDADES DOMÉSTICAS DELE

Marido, selecione do Inventário de Responsabilidades Domésticas os itens pelos quais você está disposto a assumir total responsabilidade, e os adicione à sua lista. Inclua também os itens remanescentes da lista geral que você avaliou como altamente importantes. Sua esposa fará o mesmo.

Depois que todos os itens forem divididos entre os cônjuges, avalie cada um expressando seu nível de satisfação caso sua esposa realize a tarefa em questão, usando a escala de 0 a 5. Indique com as letras A ou S se você gostaria de ajuda ou prefere que sua esposa faça a tarefa sozinha.

Este formulário vai fornecer ao casal informações valiosas sobre como é possível depositar unidades no Banco do Amor ao suprir necessidades domésticas. Não perca tempo com itens de menor relevância. Concentre-se naqueles que mais importam — os que são mais significativos para seu cônjuge.

Tarefa	Descrição	Nível de Satisfação

RESPONSABILIDADES DOMÉSTICAS DELA

Esposa, selecione do Inventário de Responsabilidades Domésticas os itens pelos quais você está disposta a assumir total responsabilidade, e os adicione à sua lista. Inclua também os itens remanescentes da lista geral que você avaliou como altamente importantes. Seu marido fará o mesmo.

Depois que todos os itens tiverem sido divididos entre os cônjuges, avalie cada um expressando seu nível de satisfação caso seu marido realize a tarefa em questão, usando a escala de 0 a 5. Indique com as letras A ou S se você gostaria de ajuda ou prefere que seu marido fizesse a tarefa sozinho.

Este formulário vai fornecer ao casal informações valiosas sobre como é possível depositar unidades no Banco do Amor ao suprir necessidades domésticas. Não perca tempo com itens de menor relevância. Concentre-se naqueles que mais importam — os que são mais significativos para seu cônjuge.

Tarefa	Descrição	Nível de Satisfação

APRENDENDO A ATENDER À NECESSIDADE DE COMPROMETIMENTO FAMILIAR

A MAIORIA ESMAGADORA das mulheres casadas tem um instinto poderoso para criar um lar e ter filhos. Muitas delas desejam que seus maridos tenham um papel fundamental no desenvolvimento moral e educacional das crianças. Acredito que haja uma razão de fundo emocional que se manifesta nesse desejo, e chamo essa necessidade de "comprometimento familiar".

Assim como acontece ao suprir outras necessidades emocionais importantes, quando essa necessidade é contemplada, o cônjuge fica extremamente satisfeito, o responsável por atendê-la leva o crédito por esse prazer e ocorre o depósito de um caminhão de unidades no Banco de Amor.

No capítulo 11 de *His Needs, Her Needs*, sugiro um caminho para que os homens possam atender a essa necessidade. Recomendo 15 horas semanais de tempo de qualidade com a família. E não se trata de cuidado com os filhos — tarefa na qual os cônjuges se revezam a fim de prover alimentação, vestimenta e supervisão das crianças. Tempo de qualidade em família envolve a todos como um organismo único, sobretudo os pais. O objetivo do tempo de qualidade em família é criar cooperação, respeito, confiança, honestidade e outros valores morais. É um período em que a educação dos filhos pode ser estimulada. As atividades sugeridas incluem:

- Refeições em família.
- Frequentar a igreja.
- Reuniões familiares.
- Caminhadas e passeios de bicicleta.
- Jogos de tabuleiro.
- Leitura para as crianças antes de dormir.
- Ajuda nas lições de casa.
- Projetos familiares e tarefas domésticas (que sejam divertidos para as crianças).

O ponto principal a ser considerado aqui é que essas atividades devem atender à necessidade de comprometimento familiar do seu cônjuge. Por mais que sejam valiosas para seus filhos, se não representam de fato um aumento nos depósitos de unidades de amor na conta do seu cônjuge, isso significa que a necessidade não está sendo suprida. Portanto, o plano deve assegurar que essas atividades estão alcançando seu objetivo: gerar prazer para seu cônjuge.

O Inventário de Comprometimento Familiar ajuda a identificar o tipo de participação que seu cônjuge mais aprecia. Seu cônjuge deve completar este inventário.

Você descobrirá não apenas as atividades que ele gostaria que você desenvolvesse, mas também aquelas que ele deseja que sejam evitadas. Seu cônjuge também indicará o período de tempo que ele gostaria que você reservasse para atender a essa necessidade.

O formulário Estratégia para Atender à Necessidade de Comprometimento Familiar ajuda a documentar o plano e a implementar mudanças de hábitos e atividades. Ao colocar o plano em ação, a Planilha de Comprometimento Familiar serve para o planejamento e a documentação da qualidade do tempo em família. O Gráfico de Tempo de Qualidade em Família acompanha o tempo semanal dedicado à necessidade do comprometimento familiar.

Quando atendida, essa necessidade contribui tanto para assegurar o futuro dos filhos quanto para fortalecer o amor entre o casal. Vale a pena seguir minha recomendação e investir 15 horas semanais em tempo de qualidade com a família mesmo que nenhum dos cônjuges tenha selecionado essa necessidade entre as cinco principais. Não acompanhe a multidão submetendo seus filhos às consequências assustadoras da negligência parental. Sua felicidade depende da felicidade dos seus filhos, e o tempo que você passa com eles é decisivo para o futuro deles e para o seu também.

*

Tempo de convívio familiar é um fator decisivo para o futuro dos filhos e do casal

INVENTÁRIO DE COMPROMETIMENTO FAMILIAR

Este inventário lhe ajudará a identificar caminhos pelos quais seu cônjuge pode atender à sua necessidade de comprometimento familiar (tempo para educação, projetos e recreação). Pergunte a si mesmo o que seu cônjuge poderia fazer para obter melhorias nessa área. Responder a esta pergunta é o objetivo deste inventário. Se precisar de mais espaço, use uma folha adicional.

Primeiro, sob "Hábitos a Serem Criados", liste aqueles que espera do seu cônjuge. Você tenderá a ter um tempo agradável ou desagradável com a sua família dependendo desses hábitos e atividades. Portanto, assegure que seu cônjuge (1) seja consistente no treinamento das crianças, (2) discipline-as em comum acordo com você, (3) planeje atividades com a sua aprovação e em comum acordo com você, (4) interprete regras de forma justa e (5) evite se valer de raiva ou agressividade como parte da disciplina. Considere esses cinco hábitos e outros que por ventura quiser acrescentar.

Segundo, em "Hábitos e Atividades a Serem Evitados" identifique aqueles que sejam desagradáveis. Liste-os mesmo que representem o oposto daqueles que você deseja.

Terceiro, procure determinar o tempo necessário para que sua necessidade de comprometimento familiar seja atendida. Recomendo 15 horas por semana.

Hábitos e atividades a serem criados

1. _____
2. _____
3. _____
4. _____
5. _____

Hábitos e atividades a serem evitados

1. _____
_____
_____

2. _____
_____
_____

3. _____
_____
_____

4. _____
_____
_____

5. _____
_____
_____

ESTRATÉGIA PARA ATENDER À NECESSIDADE DE COMPROMETIMENTO FAMILIAR

Este formulário foi criado para ajudá-lo a criar uma estratégia a fim de suprir a necessidade de seu cônjuge por comprometimento familiar. Complete cada seção para que possa documentar o processo e selecionar uma estratégia.

1. Em relação ao Inventário de Comprometimento Familiar preenchido pelo seu cônjuge, descreva os hábitos e atividades que ele gostaria que você colocasse em prática.

   _____
   _____
   _____
   _____

2. Descreva seu plano para aprender os hábitos listados na questão anterior. Inclua prazo e certifique-se de que seu plano foi aprovado por ambos.

   _____
   _____
   _____
   _____

3. Caso o plano não seja atingido, concordaria em buscar ajudar profissional a fim de viabilizar esses hábitos e atividades? Como a buscaria?

   _____
   _____
   _____
   _____

4. Descreva os hábitos e as atividades que seu cônjuge gostaria que você evitasse.

   _____
   _____
   _____
   _____

5. Descreva o plano para evitar as atividades listadas na questão anterior. Inclua prazo e certifique-se de que seu plano foi aprovado por ambos.
_____
_____
_____
_____

6. Caso o plano não seja realizado, concordaria em buscar ajuda profissional? Como a buscaria?
_____
_____
_____
_____

7. Você concorda em dedicar o tempo de convívio familiar visto como ideal pelo seu cônjuge? Como pretende organizar este cronograma?
_____
_____
_____
_____

PLANILHA DE TEMPO DE QUALIDADE EM FAMÍLIA

Informe o tempo que você investe para o convívio de qualidade em família. Considere que você e seu cônjuge devem estar com pelo menos um dos filhos durante o período — de preferência todos eles. Você deve participar dos hábitos e das atividades que seu cônjuge deseja, assim como evitar aqueles indesejados.

Primeiro, complete a parte desta planilha referente ao tempo planejado com a família. O total ideal é de 15 horas semanais para atividades acordadas pelo casal. Na medida em que a semana for se desenrolando, complete a parte da planilha referente ao tempo efetivamente passado com a família. A estimativa de tempo realizado depende de como cada um enxerga e interpreta a qualidade do tempo em família. Se você passou duas horas com a família, pode ser que seu cônjuge sinta que apenas metade do tempo foi de qualidade. Por conta dessa diferença de percepção, cada um fornece sua própria estimativa. Na última coluna da planilha, a estimativa mais baixa deve ser inserida. Se a atividade planejada for cancelada, explique na parte referente às atividades efetivamente realizadas.

Ao final da semana, o total da coluna com as estimativas mais baixas deve ser incluída no Gráfico do Tempo de Qualidade Familiar.

Aprendendo a atender às necessidades emocionais mais importantes

Tempo Planejado Juntos			Tempo Efetivamente Empregado Juntos			
Data Planejada	Tempo Planejado (de...a...)	Total de Tempo Planejado	Atividades Planejadas	Atividades Realizadas	Estimativa Dela	Estimativa Dele	Menor Estimativa

TEMPO TOTAL POR SEMANA ____

TEMPO TOTAL POR SEMANA ____

GRÁFICO DE TEMPO DE QUALIDADE EM FAMÍLIA

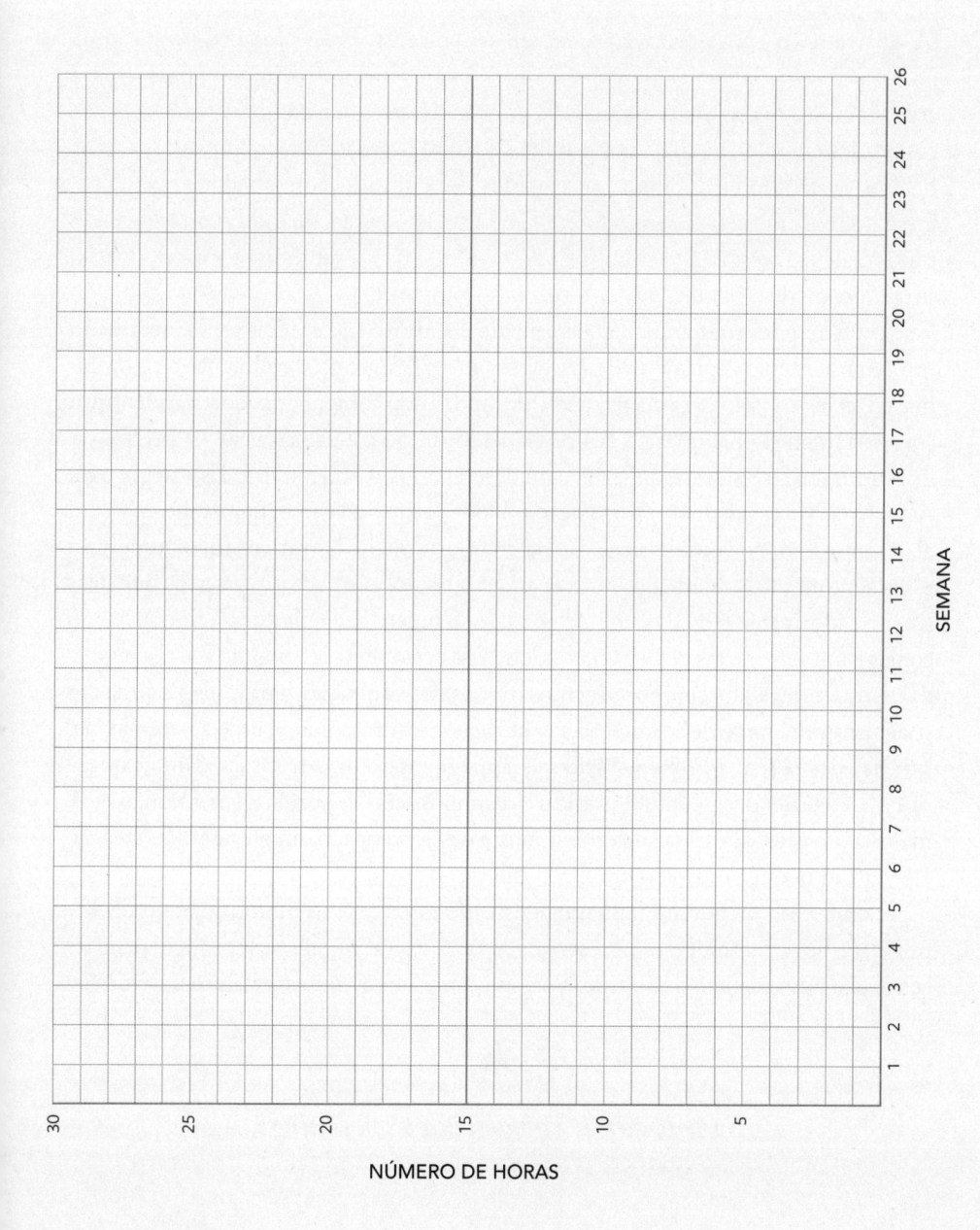

NÚMERO DE HORAS

SEMANA

APRENDENDO A ATENDER À NECESSIDADE DE ADMIRAÇÃO E VALORIZAÇÃO

A ADMIRAÇÃO E a valorização precisam ser sinceras. Precisam vir do coração. É necessário senti-las antes de expressá-las. Assim, um dos primeiros passos para atender a essa necessidade é suscitar a criação desses sentimentos. Quando as necessidades emocionais mais importantes de uma pessoa são contempladas — e os hábitos destruidores do amor são evitados — a admiração e a valorização desabrocham naturalmente, sem esforço. Em outras palavras, quando seu cônjuge faz tudo o que é necessário para cultivar o amor em você, a admiração e a valorização surgem como um bônus.

O plano para contemplar a necessidade de admiração e valorização, detalhado primeiramente no capítulo 12 de *His Needs, Her Needs*, é provavelmente o caminho mais simples e direto para chegar a este destino. Tudo começa quando você identifica comportamentos que criam e destroem a admiração e a valorização. O Inventário de Admiração e Valorização serve para descrevê-los. O formulário Estratégia para Atender à Necessidade de Admiração e Valorização serve para que ambos possam elaborar um plano voltado à criação de comportamentos positivos (que despertem esses sentimentos), bem como evitar aqueles comportamentos negativos que destroem a admiração pelo cônjuge. Ao final, é só preencher a planilha a fim de dar ao cônjuge um retorno sobre os esforços dele. Em certo sentido, quando seu cônjuge se dá bem na criação de comportamentos dignos de admiração, a própria planilha em si se torna uma fonte de admiração, consequentemente contemplando a necessidade.

Se você já tem admiração pelo seu cônjuge, mas ainda não sabe como expressá-la, a recomendação aqui é praticar a comunicação de forma mais frequente. A maioria das pessoas é capaz de evoluir muito nessa prática, basta prestar mais atenção e fazer um pequeno esforço nesse sentido.

Lembre-se de que julgamentos desrespeitosos representam o oposto da admiração. Se seu cônjuge tem necessidade de admiração, ele será particularmente sensível a julgamentos desse tipo. Portanto, procure evitar esse hábito destrutivo.

✱

Se você admira e valoriza o seu cônjuge,
não perca tempo e diga isso a ele

INVENTÁRIO DE ADMIRAÇÃO E VALORIZAÇÃO

Sob o título "Comportamento Que Admiro e Valorizo", mencione e descreva os tipos de comportamento que lhe ajudariam a sentir admiração pelo seu cônjuge.

Preste atenção especialmente às cinco necessidades emocionais mais importantes incluídas por você no Questionário de Necessidades Emocionais, uma vez que geralmente admiramos aqueles cujos comportamentos melhor atendem às nossas necessidades. Mas, se não for esse o caso, sinta-se à vontade para descrever comportamentos que admira sob qualquer perspectiva.

Se seu cônjuge adota comportamentos que tendem a destruir seus sentimentos de admiração e de valorização, descreva-os sob "Comportamento Que Destrói Minha Admiração e Valorização". Você poderá se dar conta de que o problema não está no comportamento em si, mas sim no momento ou local em que ocorre. Se for esse o caso, explique claramente em sua descrição e inclua as circunstâncias apropriadas no campo "Comportamento Que Admiro e Valorizo". Se precisar, sinta-se à vontade para utilizar folhas adicionais.

Comportamento que admiro e valorizo

1. _____
_____

2. _____
_____

3. _____
_____

4. _____
_____

5. _____
_____

6. _____
_____

Comportamento que destrói minha admiração e valorização

1. _____
   _____

2. _____
   _____
   _____

3. _____
   _____

4. _____
   _____

5. _____
   _____

6. _____
   _____

ESTRATÉGIA PARA ATENDER À NECESSIDADE DE ADMIRAÇÃO E VALORIZAÇÃO

Este formulário foi desenvolvido para lhe ajudar a criar uma estratégia a fim de atender a necessidade de seu cônjuge por admiração e valorização. Responda às seguintes perguntas para documentar o processo utilizado na busca da estratégia.

1. Em relação ao Inventário de Admiração e Valorização preenchido pelo seu cônjuge, descreva o comportamento que ele admira e que você gostaria de aprender ou adotar.

   _____
   _____
   _____
   _____

2. Descreva seu plano para desenvolver o comportamento listado na questão 1. Estabeleça um prazo e se assegure de que haja aprovação do casal em relação à iniciativa.

   _____
   _____
   _____
   _____

3. Se o plano não for bem-sucedido, concordaria em buscar ajuda profissional? Como faria para encontrá-la?

   _____
   _____
   _____
   _____

4. Descreva o comportamento que tende a destruir os sentimentos de admiração e valorização do seu cônjuge por você.

   _____
   _____
   _____
   _____

5. Descreva também um plano para evitar o comportamento listado na questão anterior. Defina um prazo e certifique-se de que o casal aprova o plano.
   _____
   _____
   _____
   _____

6. Se o prazo não for cumprido, concordaria em buscar ajuda especializada para combater o comportamento indesejado? Como a encontraria?
   _____
   _____
   _____
   _____

PLANILHA DE ADMIRAÇÃO E VALORIZAÇÃO

Liste ocorrências de comportamentos do seu cônjuge que afetaram seu sentimento de admiração e valorização por ele. Esse assunto é delicado, de modo que nem todos os casais conseguem abordá-lo de forma prática sem ajuda especializada. Se perceber que seu cônjuge reage mal às suas reações espontâneas, ou se você relutar em reagir de forma espontânea, busque supervisão profissional.

Dia	Data	Horário	Tipo de Comportamento e sua Reação
1. _____	/ _____	/ _____	/ _____
2. _____	/ _____	/ _____	/ _____
3. _____	/ _____	/ _____	/ _____
4. _____	/ _____	/ _____	/ _____
5. _____	/ _____	/ _____	/ _____
6. _____	/ _____	/ _____	/ _____

7. _____/_____/_____/_____

8. _____/_____/_____/_____

PASSO 4

IDENTIFICANDO HÁBITOS DESTRUIDORES DO AMOR

Hábitos destruidores do amor são aqueles que causam a infelicidade do cônjuge. Sempre que se incide neles, o Banco de Amor sofre baixas enormes.

Por que você tropeça nesses hábitos destruidores? Por que faz seu companheiro ou companheira se sentir tão infeliz? Uma das principais explicações é que, embora façam o outro se sentir péssimo, esses hábitos fazem você se sentir bem. Eles proporcionam prazer à custa do outro. Quando seu cônjuge reclama, você procura justificar seu comportamento negativo tentando fazer vista grossa ao fato de que está simplesmente sendo descuidado e egoísta.

Uma vez que esses hábitos destrutivos fazem um se sentir bem enquanto o outro se sente mal, o único capaz de identifica-los é aquele que sofre as consequências do problema. Assim, você está em posição de identificar os hábitos destruidores do seu cônjuge, e ele os seus.

Criei o Questionário de Hábitos Destruidores do Amor para ajudar a colocar tudo às claras no seu casamento, a partir da identificação desses hábitos. São dois questionários, um a ser respondido por você e outro pelo seu parceiro ou parceira.

A análise de cada hábito destrutivo segue uma sequência de perguntas. A primeira diz respeito a quanta infelicidade o mal hábito causa a você. Se não lhe causar infelicidade é porque não se trata de um hábito destrutivo, de modo que não é preciso responder às demais questões. Mas, se lhe causa infelicidade, seu cônjuge precisa entender com que frequência ocorre (questão 2), de que forma (3), a pior forma como já ocorreu (4), quando teve início (5), e como progrediu ao longo do tempo (questão 6).

Ao final do questionário, você deve avaliar os hábitos destruidores de acordo com a infelicidade que causam. Os comportamentos mais nocivos e com maior potencial destrutivo devem ser trabalhados primeiro.

Os resultados destes questionários vão lhe ajudar a compreender a dor e a infelicidade que trazem ao seu casamento. Ao gerar dor emocional no seu cônjuge, você não apenas saca unidades do Banco de Amor como leva-o a adotar uma postura defensiva, que o leva a se afastar de você. Essas defesas emocionais impedem que você possa fazer depósitos de unidades de amor para compensar perdas. Em outras palavras, quando seu cônjuge sofre um revés desse tipo, sua capacidade de atender às suas necessidades emocionais é bloqueada. Somente quando consegue superar esses hábitos destruidores esta barreira emocional é removida, de modo que você possa voltar a atender às necessidades emocionais do seu cônjuge. Por essa razão, hábitos destruidores devem ser eliminados *antes* que vocês aprendam a suprir as necessidades emocionais um do outro. Este é o propósito deste livro.

QUESTIONÁRIO DE HÁBITOS DESTRUIDORES DO AMOR

Este questionário deve ser preenchido por ambos os cônjuges e foi criado para ajudá-lo a identificar cada um dos seus hábitos destruidores do amor. Seu cônjuge incide num hábito destrutivo sempre que lhe faz sentir infeliz, o que significa saques de grande quantidade de unidades do Banco de Amor, enfraquecendo a relação.

Existem seis categorias de hábitos destrutivos. Cada uma delas conta com um conjunto de questões neste questionário. Responda a todas da forma mais honesta possível.

Não tente minimizar o sofrimento causado pelo comportamento do seu cônjuge. Se precisar de mais espaço, use folhas adicionais.

Ao preencher o questionário, revise-o para ter a certeza de que as respostas realmente expressam seus sentimentos. Não apague suas primeiras respostas. Apenas risque-as levemente de modo que seu cônjuge possa ver as suas correções e discuti-las com você.

A última página deste questionário solicita que você avalie os seis hábitos destrutivos de acordo com a importância deles para você. Ao fazê-lo, você pode perceber uma inconsistência em relação à listagem final — o que é normal. Essa inconsistência revela que o seu entendimento sobre os seus sentimentos está longe de ser perfeito. Se notar tais inconsistências, discuta-as com seu cônjuge para buscar esclarecimento.

Faça duas cópias deste questionário, uma para cada cônjuge.

1. **EXIGÊNCIAS EGOÍSTAS**: tentativas do cônjuge de forçar você a fazer algo para ele, geralmente com uma ameaça implícita de punição, caso você se negue.

   A. Indique o nível de infelicidade que você tende a sentir quando seu cônjuge faz exigências egoístas.

   ```
   0          1          2          3          4          5          6
   |          |          |          |          |          |          |
   Não sinto infelicidade    Sinto infelicidade de forma moderada    Sinto muita infelicidade
   ```

   B. Indique a periodicidade com que o seu cônjuge faz exigências egoístas a você. _____ exigências egoístas por dia/semana/mês/ano. (Escreva um número e circule o período).

   C. Quando seu cônjuge faz exigências egoístas, como ele geralmente age?
   _____
   _____

   D. Qual das exigências listadas acima lhe causa mais sofrimento
   _____
   _____

   E. Quando seu cônjuge lhe fez exigências egoístas pela primeira vez?
   _____
   _____

   F. A ocorrência de exigências egoístas aumentou ou diminuiu em intensidade e frequência desde que começaram? Como você as avaliaria hoje comparando-as com o passado?
   _____
   _____
   _____
   _____
   _____
   _____
   _____

2. **JULGAMENTOS DESRESPEITOSOS**: tentativas do cônjuge de mudar suas atitudes, crenças e comportamentos, forçando você a pensar do jeito dele. Ele estará incorrendo em julgamentos desrespeitosos se (1) tentar dar "lição de moral" em vez de dialogar sobre os assuntos de forma respeitosa, (2) julgar a opinião dele como sendo superior à sua, (3) interromper o que você está falando, ou impedir que você tenha chance de explicar seu ponto de vista, ou (4) ridicularizar sua opinião.

   A. Qual é o nível de infelicidade causado a você por julgamentos desrespeitosos da parte do seu cônjuge?

   ```
   0        1        2        3        4        5        6
   |........|........|........|........|........|........|
   Não sinto infelicidade   Sinto infelicidade de forma moderada   Sinto muita infelicidade
   ```

   B. Indique a frequência com que os julgamentos desrespeitosos ocorrem. _____ julgamentos desrespeitosos por dia/semana/mês/ano. (Escreva um número e circule o período).

   C. Quais são as formas como os julgamentos desrespeitosos ocorrem?
   _____
   _____

   D. Das formas citadas acima, qual causa o maior sofrimento?
   _____
   _____

   E. Quando seu cônjuge incidiu nesse hábito destrutivo pela primeira vez?
   _____
   _____

   F. A ocorrência aumentou ou diminuiu ao longo do tempo? Como você compara os casos mais recentes em relação aos primeiros?
   _____
   _____
   _____
   _____
   _____

3. **ROMPANTES DE RAIVA**: tentativas deliberadas de lhe machucar com expressões de raiva contra você. Ocorre normalmente na forma de ataques físicos ou verbais.

   A. Indique o nível de infelicidade causado por rompantes de raiva dirigidos a você.

   ```
   0        1        2        3        4        5        6
   |        |        |        |        |        |        |
   Não sinto infelicidade   Sinto infelicidade de forma moderada   Sinto muita infelicidade
   ```

   B. Indique a frequência com que rompantes de raiva acontecem. _____ rompantes de raiva por dia/semana/mês/ano. (Escreva um número e circule o período).

   C. De quais formas os rompantes de raiva costumam ocorrer? Como seu cônjuge costuma agir nesses casos?
   _____
   _____

   D. Qual das formas mencionadas acima lhe causa mais sofrimento?
   _____
   _____

   E. Quando você identificou o problema pela primeira vez?
   _____
   _____

   F. Os rompantes de raiva pioraram com o passar do tempo? Como eram no início, comparados aos casos mais recentes?
   _____
   _____
   _____
   _____
   _____
   _____

4. **DESONESTIDADE**: dar falsa informação, de maneira intencional, sobre pensamentos, sentimentos, hábitos, gostos, histórico pessoal, atividades diárias e planos para o futuro. E não apenas isso. Deixar o cônjuge com uma falsa impressão sobre algo, de forma deliberada, também significa desonestidade.

   A. Indique o nível de infelicidade que você costuma experimentar quando seu cônjuge é desonesto com você.

   ```
   0         1         2         3         4         5         6
   |         |         |         |         |         |         |
   |.........|.........|.........|.........|.........|.........|
   Não sinto infelicidade   Sinto infelicidade de forma moderada   Sinto muita infelicidade
   ```

   B. Indique a frequência de episódios de desonestidade por parte do seu cônjuge. _____ocorrências de desonestidade por dia/semana/mês/ano. (Escreva um número e circule o período).

   C. Descreva as formas como a desonestidade geralmente ocorre. Como seu cônjuge costuma agir nesses casos?
   _____
   _____

   D. De que forma, dentre as mencionadas acima, a desonestidade causa mais sofrimento?
   _____
   _____

   E. Quando você detectou o problema pela primeira vez?
   _____
   _____

   F. Os casos têm piorado ou se tornado mais frequentes ao longo dos anos? Como?
   _____
   _____
   _____
   _____
   _____
   _____

5. **HÁBITOS IRRITANTES**: comportamentos repetidos pelo seu cônjuge de forma inconsciente ou não intencional, mas que lhe causam incômodo. Incluem maneirismos como a forma como seu cônjuge come, a maneira como fala, além de hábitos de higiene.

   A. Indique o patamar de infelicidade causado pelos hábitos irritantes do seu cônjuge.

   ```
   0          1          2          3          4          5          6
   |          |          |          |          |          |          |
   Não sinto infelicidade    Sinto infelicidade de forma moderada    Sinto muita infelicidade
   ```

   B. Indique a frequência com que seu cônjuge comete hábitos irritantes. _____ocorrências de hábitos irritantes por dia/semana/mês/ano. (Escreva um número e circule o período).

   C. De que formas esses hábitos irritantes ocorrem? O que o seu cônjuge faz?
   _____
   _____

   D. Qual das formas mencionadas acima lhe causa mais insatisfação?
   _____
   _____

   E. Quando o problema teve início?
   _____
   _____

   F. Os hábitos irritantes do seu cônjuge foram piorando em intensidade e frequência ao longo do tempo? Como eram no início e como são agora?
   _____
   _____
   _____
   _____
   _____
   _____

6. **COMPORTAMENTO INDEPENDENTE**: comportamentos do seu cônjuge que não levam em conta os seus sentimentos. Esses comportamentos geralmente requerem planejamento e intenção, tais como ir a um jogo de futebol, ao churrasco ou à academia.

   A. Indique o nível de infelicidade que você experimenta quando seu conjugue se comporta de forma independente e sem a devida consideração.

   ```
   0        1        2        3        4        5        6
   |........|........|........|........|........|........|
   Não sinto infelicidade   Sinto infelicidade de forma moderada   Sinto muita infelicidade
   ```

   B. Indique a frequência com que seu cônjuge se comporta de forma independente e sem consideração. _____ ocorrências de comportamento independente por dia/semana/mês/ano. (Escreva um número e circule o período).

   C. Como o seu cônjuge se comporta de forma independente e sem consideração? O que ele faz?
   _____
   _____

   D. Entre as formas citadas, qual delas lhe causa a maior infelicidade?
   _____
   _____

   E. Quando o problema teve início?
   _____
   _____

   F. Esse comportamento progrediu ao longo do tempo em frequência e intensidade? Está pior hoje em relação ao passado?
   _____
   _____
   _____
   _____
   _____
   _____
   _____

Avaliando os hábitos destruidores do amor do seu cônjuge de acordo com o nível de importância

As seis categorias básicas de hábitos destruidores do amor estão listadas a seguir. Há espaço para inclusão de novas, caso ache necessário. No espaço em branco diante de cada hábito destruidor, atribua números de 1 a 6 de modo a refletir a posição de cada item para a infelicidade conjugal. O número 1 deve identificar o primeiro hábito destruidor da lista, isso é, o que lhe causa mais infelicidade. Escreva o número 2 na frente do segundo pior hábito, e assim por diante.

_____ exigências egoístas
_____ julgamentos desrespeitosos
_____ rompantes de raiva
_____ desonestidade
_____ hábitos irritantes
_____ comportamento independente
_____ _____
_____ _____
_____ _____
_____ _____

PASSO 5

SUPERANDO HÁBITOS DESTRUIDORES DO AMOR

VAMOS REVER O QUE VOCÊ JÁ APRENDEU EM SUA JORNADA EM DIREÇÃO AO amor.
No primeiro passo você se comprometeu a atender às necessidades emocionais mais importantes do seu cônjuge, assim como a superar os chamados hábitos destruidores do amor. Você consolidou este passo ao assinar o Acordo para Atender às Necessidades Emocionais Mais Importantes e Superar Hábitos Destruidores.

O segundo passo consistiu na identificação das principais necessidades e anseios com o preenchimento do Questionário de Necessidades Emocionais. Essas necessidades, quando atendidas, representam o maior aporte de unidades no Banco de Amor do casal. O terceiro passo lhe ajudou a aprender como atender às necessidades emocionais mais importantes do outro. Quem trilhou essa estrada até aqui de forma bem-sucedida, está bem-encaminhado no objetivo de criar amor.

Contudo, ainda existem dois passos. Você deu o quarto passo quando você e seu cônjuge preencheram o Questionário de Hábitos Destruidores do Amor. Ao fazê-lo, ambos descobriram que podem estar incorrendo em hábitos contraindicados, os quais representam saques do Banco de Amor. Se esses hábitos perniciosos forem tolerados, todos os demais esforços irão simplesmente por água abaixo, pois eles impedem a realização de depósitos, colocando a relação sob risco de falência.

Ao compreender isso, você está pronto para o quinto e último passo, que consiste justamente na superação dos hábitos destruidores que tanto você quanto seu cônjuge identificaram. O hábito negativo que recebeu a maior pontuação de seu companheiro ou companheira, e que, portanto, representa a maior causa de infelicidade conjugal, deve ser o primeiro obstáculo a ser superado. Mas ao final o propósito é eliminar todos.

Aqui você encontrará formulários que ajudam a superar cada hábito destruidor. Muitos deles já foram descritos em meu livro anterior, *Love Busters*, mas outros são novos. Em cada série de formulários, o primeiro é o inventário, que permite definir e investigar as causas e os efeitos dos hábitos nocivos. O segundo é o formulário da estratégia, que permite documentar o plano para superar o hábito destruidor do amor. O terceiro é a planilha, na qual é possível registrar o progresso do plano. Ao final, a planilha deve mostrar o sucesso do plano na superação do hábito destruidor do amor.

A regra que deve nortear seus esforços é a seguinte: evite qualquer comportamento que cause dor ou infelicidade em seu cônjuge. Sempre que nossos hábitos prejudicarem nosso cônjuge, o amor também é afetado.

SUPERANDO EXIGÊNCIAS EGOÍSTAS

EXIGÊNCIAS EGOÍSTAS SÃO tentativas equivocadas de resolução de conflitos matrimoniais. Elas podem até funcionar no curto prazo, proporcionando o que você quer no momento, mas não funcionam de maneira efetiva. Tais exigências tornam seu cônjuge menos suscetível a fazer o que você deseja no futuro. Lembre-se deste fato quando estiver inclinado a fazer uma exigência desse tipo: se é importante para você, nunca exija.

Tentou pedir educadamente, mas não funcionou? Exigir parece ser a única opção? Além do mais, se trata de algo razoável e é certo que, se o seu cônjuge estivesse enxergando com clareza, ele até concordaria com você? Tudo isso pode até ser verdade, mas exigências não compensam. Elas não resolvem os problemas no longo prazo. O que exigências egoístas fazem é destruir o amor de um pelo outro. Seja lá o que deseja ganhar por meio de uma exigência, você perderá em saques de unidades de amor.

*

*Exigências egoístas podem funcionar,
mas minam o amor no longo prazo*

Nos capítulos 4 e 5 do livro *Love Busters*, descrevi pela primeira vez como é possível colocar um ponto final nas exigências egoístas. O Inventário de Exigências Egoístas foi concebido para identificar sua natureza e seus efeitos, os esforços dos cônjuges a fim de evitá-las, além da disposição de cada um para combater o problema. As perguntas oferecem uma oportunidade para que você e seu cônjuge possam refletir sobre seus hábitos.

A melhor maneira de superar exigências egoístas é aprender a substituí-las por pedidos conscientes. Incluí o formulário relativo à estratégia para ajudar a documentar seu plano nesse sentido. Esse formulário não instrui sobre como fazer pedidos conscientes por que essa explicação integra o inventário que vou descrever logo a seguir. O que o formulário de estratégia faz é ajudar a traçar o plano para eliminar exigências egoístas, colocando pedidos conscientes no lugar delas.

Então, de que forma você deve fazer um pedido consciente? Essa ferramenta pode mesmo conduzir ao objetivo? Para ajudar cada um a obter o que precisa do outro da forma mais saudável possível, escrevi as Quatro Diretrizes para Negociações Bem-Sucedidas no Casamento, que integra o capítulo 5 de *Love Busters*. Esse manual para a resolução de problemas conjugais mostra como fazer pedidos conscientes. A primeira diretriz é fazer pedidos de forma amigável, leve e confiante. A segunda é explicar o que você gostaria de ter e perguntar ao seu cônjuge como ele se sentiria atendendo ao seu pedido. Se seu cônjuge deixar transparecer que existe algum problema com seu pedido, retire-o e siga a terceira diretriz, que é pensar em alternativas mutuamente aceitáveis. A quarta diretriz consiste em considerar o maior leque de alternativas possíveis até encontrar uma solução que atenda às condições da Política de Acordo Mútuo (nunca faça algo sem a aprovação, o apoio e o consentimento de ambos).

Para lhe ajudar a seguir as Quatro Diretrizes para Negociações Bem-sucedidas no Casamento, utilize O Inventário de Diretrizes para Fazer Pedidos Conscientes. Para lhe ajudar a desenvolver o hábito de fazer pedidos do jeito certo, faça várias cópias deste inventário e siga firme os princípios aqui estabelecidos sempre que estiver tentado a fazer uma exigência egoísta.

Para ajudá-lo a documentar o progresso da transição no modo de solicitar o atendimento de suas necessidades, seu cônjuge deve preencher a Planilha de Exigências Egoístas e a Planilha de Pedidos Conscientes. Você perceberá que exigências egoístas perdem espaço para pedidos conscientes ao longo do tempo.

INVENTÁRIO DE EXIGÊNCIAS EGOÍSTAS

Responda às seguintes questões. Sua resposta para a parte de cada questão que se refere a seu cônjuge deve refletir sua melhor tentativa sem que peça ajuda a ele.

1. Quais são os motivos mais importantes pelos quais você faz exigências egoístas a seu cônjuge? E quais motivos levam seu cônjuge a fazer exigências egoístas a você?
   _____
   _____
   _____
   _____

2. Como você geralmente age ao fazer esse tipo de exigência? E como seu cônjuge normalmente age no mesmo caso?
   _____
   _____
   _____
   _____

3. Como seu cônjuge se sente quando você faz esse tipo de exigência? Como você se sente quando ele age assim?
   _____
   _____
   _____
   _____

4. Em quais momentos você tenta evitar fazer exigências egoístas ao seu cônjuge, e como faz isso? Em que momentos acredita que seu cônjuge tenta evitar proceder da mesma forma com você, e como ele faria isso?
   _____
   _____
   _____
   _____

5. Se decidisse nunca mais fazer nenhuma exigência egoísta a seu cônjuge, você conseguiria parar? Por que sim, ou não?

6. Você está disposto ou disposta a isso? Por que sim, ou não?

7. Acrescente aqui qualquer informação que ajude você e seu cônjuge a evitar este hábito destrutivo no futuro.

ESTRATÉGIA PARA SUBSTITUIR EXIGÊNCIAS EGOÍSTAS POR PEDIDOS CONSCIENTES

Este formulário foi criado para lhe ajudar a criar uma estratégia a fim de substituir exigências egoístas por pedidos conscientes. Responda às questões de modo a documentar o processo que utilizou para escolher a estratégia.

1. Descreva suas exigências egoístas, a forma como as faz, bem como seus sentimentos, pensamentos e atitudes.
   _____
   _____
   _____
   _____

2. Descreva as condições que parecem desencadear suas exigências egoístas, incluindo lugares, pessoas, comportamentos dessas pessoas e qualquer outra condição relevante.
   _____
   _____
   _____
   _____

3. Quais mudanças nas condições descritas na questão anterior lhe ajudariam a substituir exigências egoístas por pedidos conscientes?
   _____
   _____
   _____
   _____

4. Quais mudanças mencionadas acima podem ser realizadas com a adesão e o apoio do seu cônjuge?
   _____
   _____
   _____
   _____

5. Descreva um plano para realizar essas mudanças, inclua prazo e assegure o apoio do seu parceiro ou parceira.

6. Quais das mudanças descritas na questão 3 não podem ser realizadas sem a adesão e o apoio do seu cônjuge?

7. Descreva seu plano para substituir exigências egoístas por pedidos conscientes diante da existência de condições descritas na questão anterior. Inclua um prazo e garanta a adesão do seu cônjuge para efetivação.

8. Como medir o sucesso do plano para substituir exigências por pedidos? O seu cônjuge concorda com essa métrica?

9. Se o plano não vingar dentro do tempo estabelecido, você concordaria em buscar ajuda especializada a fim de traçar um plano efetivo que proteja seu cônjuge de exigências egoístas? Como buscaria tal ajuda?

INVENTÁRIO DE DIRETRIZES
PARA FAZER PEDIDOS CONSCIENTES

Descreva seu pedido:
_____
_____
_____
_____

Diretriz #1: *Faça seu pedido de maneira leve e amigável.* (1) Seja agradável, (2) não faça exigências, não demonstre desrespeito ou fique com raiva, e (3) se chegar a um impasse ou se você e seu cônjuge começarem a fazer exigências, a demonstrar desrespeito e a ficar irritados ou agressivos, esqueça o assunto e procure abordá-lo em outra oportunidade, quando a poeira assentar.

Diretriz #2: *Explique o que você gosta.* Como seu cônjuge se sentiria em realizar seu pedido? Se o seu cônjuge concordar, tudo ótimo. Se mostrar-se relutante, deixe para lá e retire o pedido. Quais são os impedimentos para seu cônjuge?
_____
_____
_____
_____

Qual é seu ponto de vista? Por que esse pedido é importante para você?
_____
_____
_____
_____

Diretriz #3: *Considere a maior variedade possível de alternativas mutuamente aceitáveis.* Como seu pedido pode ser atendido pelo seu cônjuge de forma que contemple as questões levantadas? Anote todas as possibilidades e então discuta suas vantagens e suas desvantagens.
_____
_____
_____
_____

Diretriz #4: *Continue considerando o maior leque de ideias possível até chegar a um plano com o qual ambos concordem.* Considerem as alternativas até que se consiga encaminhar as questões levantadas pelo cônjuge. Sob quais condições seu cônjuge se sente motivado a atender a seu pedido? O que quer que o casal concorde tenderá a se repetir praticamente sem esforço no futuro, de modo que vale a pena se esforçar para obter uma solução que agrade ambos. Qual é a decisão final?

_____
_____
_____
_____
_____
_____
_____
_____
_____
_____
_____
_____
_____
_____
_____
_____
_____
_____
_____

PLANILHA DE EXIGÊNCIAS EGOÍSTAS

Descreva todas as ocorrências de exigências egoístas de seu cônjuge. Aquelas que consistem em ordens para serem obedecidas, em que ele não aceita um não como resposta, ou em que exista ameaça ou punição.

Dia	Data	Horário	Tipo de Exigência Egoísta e Circunstâncias
1. ___	/___	/___	/_____
2. ___	/___	/___	/_____
3. ___	/___	/___	/_____
4. ___	/___	/___	/_____
5. ___	/___	/___	/_____
6. ___	/___	/___	/_____

7. _____/_____/_____/_____
   _____
   _____
   _____

8. _____/_____/_____/_____
   _____
   _____
   _____

PLANILHA DE PEDIDOS CONSCIENTES

Descreva todas as ocorrências de pedidos conscientes por parte de seu cônjuge. São pedidos que levam os seus sentimentos em consideração e expressam a possibilidade de se aceitar um não como resposta. Sem ressentimento ou ameaça de punição.

Dia	Data	Horário	Tipo de Pedido Consciente e Circunstâncias
1.	/	/	/
2.	/	/	/
3.	/	/	/
4.	/	/	/
5.	/	/	/
6.	/	/	/

7. _____/_____/_____/_____
_____
_____
_____

8. _____/_____/_____/_____
_____
_____
_____

SUPERANDO JULGAMENTOS DESRESPEITOSOS

Julgamentos desrespeitosos ocorrem quando alguém tentar impor seu próprio sistema de valores e crenças. Um cônjuge que tenta fazer o outro engolir seu ponto de vista está procurando confusão. O capítulo 6 de *Love Busters* explica a aversão causada por esse tipo de comportamento.

Se identificou esse problema no seu casamento, é preciso entender a razão pela qual julgamentos desrespeitosos são tão insidiosos. O Inventário de Julgamentos Desrespeitosos ajuda a identificar seus efeitos e sua natureza, bem como os esforços de cada cônjuge no sentido de evitá-los e a disposição para parar de praticá-los.

Uma forma de evitar julgamentos desrespeitosos é substituí-los pelo que chamo de persuasão respeitosa. O formulário Estratégia para Substituir Julgamentos Desrespeitosos por Persuasão Respeitosa ajuda a criar um plano ao encorajar a análise e a alteração das condições ambientais que contribuem para tal comportamento.

O plano sugerido no capítulo 7 de *Love Busters* utiliza o Inventário de Diretrizes de Persuasão Respeitosa aqui apresentado. A primeira diretriz é expressar opiniões conflitantes de forma amigável, respeitosa e compreensiva. A segunda é explicar como sua opinião de fato pode ser interessante ou benéfica para seu cônjuge. A terceira diretriz é colocar a sua opinião à prova, testando-a, a fim de comprovar que realmente é benéfica para o outro. A quarta é aceitar os resultados do teste. Se falhar em convencer, dê um passo atrás e elabore opções para um novo teste, ou simplesmente desconsidere o assunto. Você deve estar disposto a adotar o ponto de vista do seu cônjuge caso o teste falhe.

*

Em vez impor seus pontos de vista,
é preciso conversar com jeito e respeito

Se tudo isso soa complicado, lembre-se de que a busca pela — e a comunicação da — verdade está longe de ser uma tarefa fácil. Se você se acha o dono da verdade, provavelmente agirá de forma desrespeitosa em relação às opiniões do seu cônjuge e acabará causando grande dano ao casamento. Não se pode empurrar nada goela abaixo de ninguém, mas é possível tentar convencer o outro de forma respeitosa, mostrando que seu ponto de vista ou sugestão atende de fato aos interesses dele e, por isso, deve ser levado em conta.

Você pode criar outras estratégias que são mais simples e efetivas para superar o hábito de fazer exigências egoístas. Recomendo que você tente qualquer estratégia que acredite que possa funcionar. Seja qual for essa estratégia, certifique-se de documentar todo o seu plano para que não haja confusão.

Utilize a Planilha de Julgamentos Desrespeitosos e a Planilha de Persuasão Respeitosa para documentar seu progresso. Sempre que atitudes e opiniões estiverem em conflito, há o risco de perder unidades de amor ao tentar impor seu próprio modo de enxergar as coisas, mas existe também a oportunidade de aprendizado mútuo com a experiência de cada um. A primeira opção coloca o amor na berlinda. A segunda traz sabedoria e fortalece os laços conjugais.

INVENTÁRIO DE JULGAMENTOS DESRESPEITOSOS

Responda estas questões. Suas respostas às partes que se referem a seu cônjuge devem refletir o que você acredita sem pedir ajuda para respondê-las.

1. Quais são as razões mais importantes pelas quais você faz julgamentos desrespeitosos em relação ao seu cônjuge? Por quais motivos seu cônjuge faz julgamentos desrespeitosos em relação a você?

   _____
   _____
   _____
   _____

2. Quando faz julgamentos desrespeitosos, como você geralmente age e o que faz? Quando o seu cônjuge incide no mesmo erro, como ele age e o que ele faz?

   _____
   _____
   _____
   _____

3. Como você se sente quando seu cônjuge lhe julga de forma desrespeitosa? Como acredita que ele se sente quando você comete o mesmo erro?

   _____
   _____
   _____
   _____

4. Em quais momentos e de que forma você tenta evitar julgar seu cônjuge de forma desrespeitosa? Em quais momentos acredita que seu cônjuge tenta não tropeçar nesse erro, e o que acredita que ele faz para evitá-lo?

   _____
   _____
   _____
   _____

5. Se decidisse nunca mais julgar seu cônjuge com desrespeito, acredita que seria capaz de parar? Por que sim, ou não?
   _____
   _____
   _____
   _____

6. Está disposto a parar de cometer esse erro? Por que sim, ou não?
   _____
   _____
   _____
   _____

7. Acrescente qualquer informação que contribua para eliminar esse problema a partir de agora.
   _____
   _____
   _____
   _____

ESTRATÉGIA PARA SUBSTITUIR JULGAMENTOS DESRESPEITOSOS POR PERSUASÃO RESPEITOSA

Este formulário foi criado para lhe ajudar a criar uma estratégia para substituir julgamentos desrespeitosos por persuasão respeitosa. Responda às questões a fim de documentar o processo usado para selecionar a estratégia.

1. Descreva seus julgamentos desrespeitosos. Inclua uma descrição dos seus sentimentos, pensamentos e atitudes, além da forma como faz julgamentos desrespeitosos sobre seu cônjuge.

   _____
   _____
   _____
   _____

2. Descreva as condições que parecem desencadear seus julgamentos desrespeitosos, incluindo lugares, pessoas, o comportamento dessas pessoas e qualquer outra condição relevante.

   _____
   _____
   _____
   _____

3. Quais mudanças em relação às condições citadas acima poderiam contribuir para a substituição de julgamentos desrespeitosos por persuasão respeitosa?

   _____
   _____
   _____
   _____

4. Quais das mudanças descritas na questão anterior poderiam ser realizadas com a aprovação e o consentimento do seu cônjuge?

   _____
   _____
   _____
   _____

5. Descreva seu plano para mudar tais condições. Inclua prazo e assegure a aprovação e o apoio do seu cônjuge.

_____
_____
_____
_____

6. Quais mudanças descritas na questão 3 não podem ser feitas sem a aprovação e o apoio do seu cônjuge, e quais não podem ser realizadas de forma nenhuma?

_____
_____
_____
_____

7. Descreva seu plano para substituir julgamentos desrespeitosos por persuasão respeitosa quando as condições descritas na questão anterior existirem. Inclua prazo e assegure a aprovação e o apoio do seu cônjuge.

_____
_____
_____
_____

8. Como medir o sucesso do plano? Seu cônjuge concorda com essa métrica?

_____
_____
_____

9. Se o plano não foi concluído no prazo, concordaria em buscar ajuda especializada a fim de traçar um plano efetivo que proteja seu cônjuge de julgamentos desrespeitosos? Como buscaria tal ajuda?

_____
_____
_____
_____

INVENTÁRIO DE DIRETRIZES PARA PERSUASÃO RESPEITOSA

Descreva sua opinião:

_____
_____
_____
_____
_____
_____
_____
_____
_____

Diretriz #1: *Dialogue de forma amigável, prazerosa e amistosa*: (1) seja agradável, (2) não faça exigências, não desrespeite nem fique bravo, (3) se chegar a um impasse, ou se seu cônjuge fizer exigências, desrespeitar ou se exaltar, esqueça o assunto e retome-o mais tarde. *Expresse opiniões conflitantes com respeito e compreensão.* Qual é a opinião do seu cônjuge, e como ela difere da sua?

_____
_____
_____
_____
_____
_____
_____
_____
_____

Diretriz #2: *Explique como sua opinião pode ser do interesse do seu cônjuge.*

_____
_____
_____
_____
_____

Diretriz #3: *Sugira um teste de modo a comprovar que sua opinião atende ao interesse do seu cônjuge.*

Diretriz #4: Se o seu cônjuge aprova e está de acordo com a sua opinião com base nos resultados do teste, você alcançou a persuasão respeitosa. Se o teste não funcionou, dê um passo atrás, contemple novas opções para um novo teste ou desconsidere o assunto. Qual foi o resultado do teste? Convenceu? Em caso contrário, você pretende considerar novas ideias ou deixar o assunto de lado?

PLANILHA DE JULGAMENTOS DESRESPEITOSOS

Liste os casos em que seu cônjuge desrespeitou suas atitudes ou opiniões, incluindo "lições de moral", repreensões, depreciações, entre outros casos que mostram que seu ponto de vista não está sendo respeitado.

Dia	Data	Horário	Tipo de Julgamento Desrespeitoso e Circunstâncias
1.	/	/	/
2.	/	/	/
3.	/	/	/
4.	/	/	/
5.	/	/	/
6.	/	/	/

7. _____/_____/_____/_____
   _____
   _____
   _____

8. _____/_____/_____/_____
   _____
   _____
   _____

PLANILHA DE PERSUASÃO RESPEITOSA

Liste os momentos em que seu cônjuge utilizou a persuasão respeitosa. Isso inclui ocasiões em que conversaram respeitosamente em relação a pontos de vista ou ideias conflitantes. A persuasão respeitosa nunca vem na forma de "lições de moral", repreensões, depreciações e outras coisas que desrespeitam seu ponto de vista.

Dia	Data	Horário	Tipo de Persuasão Respeitosa e Circunstâncias
1. _____	/_____	/_____	/_____
2. _____	/_____	/_____	/_____
3. _____	/_____	/_____	/_____
4. _____	/_____	/_____	/_____
5. _____	/_____	/_____	/_____
6. _____	/_____	/_____	/_____

7. _____/_____/_____/_____

8. _____/_____/_____/_____

SUPERANDO ROMPANTES DE RAIVA

Recomendo tolerância zero com rompantes de raiva. Esses ataques tornam simplesmente impossível resolver os problemas do casamento, além de destruir o amor do casal. Isso já é motivo mais do que suficiente para que esse hábito terrível seja eliminado de uma vez por todas. Mas existe uma razão adicional a ser considerada: rompantes de raiva podem tomar a forma de agressões físicas a ponto de causar limitações permanentes, e até mesmo homicídios.

O primeiro passo do plano de superação é o reconhecimento de que você, e apenas você, é responsável por suas explosões de raiva. Ninguém lhe faz ter uma explosão de raiva. Se não aceitar esse fato, nunca aprenderá a controlar seu temperamento.

Você já deu o segundo passo ao identificar as circunstâncias em que essas explosões ocorrem ao responder ao Questionário de Hábitos Destruidores do Amor. Se qualquer um dos cônjuges identificou esse hábito destrutivo no casamento, vocês estão prontos para o terceiro passo, que é compreender por que eles acontecem. O inventário de rompantes de raiva proporciona oportunidade para que você possa refletir sobre o que é possível fazer a fim de controlar rompantes de raiva.

O quarto passo consiste em criar uma estratégia para evitar as condições que desencadeiem o problema. As cinco primeiras perguntas do questionário Estratégia para Superar Rompantes de Raiva serve para documentar seu plano de ação. Às vezes, é preciso apenas promover algumas pequenas mudanças ou ajustes no estilo de vida, sempre com a aprovação e o apoio do cônjuge. Como, por exemplo, incluir suco de laranja no café da manhã (aumenta o teor de açúcar no sangue) ou dirigir de volta para casa quando houver menos trânsito.

Mas na maioria dos casos não é tão simples assim. Se não puder mudar as condições que provocam rompantes de raiva, será preciso seguir o quinto passo, que é se condicionar a controlar seu temperamento quando não for possível evitar situações adversas ou frustrantes. As perguntas 6, 7, 8 e 9 da Estratégia para Superar Rompantes de Raiva vão documentar esse plano de treinamento. Tirei a estratégia que mais recomendo do capítulo 9 de *Love Buster*.

*

*Ajustes na rotina e controle do temperamento
ajudam a evitar rompantes de raiva*

O sexto passo é medir seu progresso usando a Planilha de Rompantes de Raiva. Uma vez que o protagonista dos rompantes de raiva normalmente esquece detalhes do ocorrido (e às vezes não se lembra de nada), o cônjuge vitimado pelo caso é a testemunha mais indicada para relatar o que aconteceu. Se houver sérias discordâncias em relação aos detalhes desses rompantes, um profissional especializado deve ser consultado.

Encarem o desafio com disposição para documentar os casos de rompantes de raiva para o resto da vida, e pode ser que depois de algumas semanas de prática não haja mais nada para registrar. Se um ataque de raiva acontecer depois de você ter achado que o problema estava superado para sempre, não desanime. Retorne à estratégia para supera-lo e corte o mal pela raiz antes que ele brote.

Decida com sabedoria se esse tipo de problema enfrentado no casamento pode ser tratado pelo próprio casal na privacidade do lar. Há casos em que rompantes de raiva envolvem riscos e requerem supervisão especializada, uma vez que a vida conjunta se torna arriscada demais. Se seu cônjuge chegou a lhe agredir durante um desses ataques, é sensato concluir que o problema precisa de intervenção profissional. Reporte imediatamente à polícia qualquer incidente de violência física e exija uma medida protetiva enquanto decidirem pelo plano de tratamento. Rompantes verbais já são ruins o suficiente, mas, como já foi alertado, quando os ataquem se tornam físicos podem causar limitações e até mortes. Lembre-se: uma pessoa em um rompante de raiva está temporariamente fora de si.

INVENTÁRIO DE ROMPANTES DE RAIVA

Responda às seguintes perguntas. Suas respostas às partes que se referem a seu cônjuge devem refletir o que você acredita sem pedir ajuda para respondê-las.

1. Quais são as razões mais importantes pelas quais você utiliza rompantes de raiva como forma de magoar seu cônjuge? E por quais motivos seu cônjuge usa esses ataques para lhe magoar?

   _____
   _____
   _____
   _____

2. Quando usa rompantes de raiva para magoar seu cônjuge, o que você geralmente faz? Quando seu cônjuge age assim, o que ele geralmente faz?

   _____
   _____
   _____
   _____

3. Quando usa esses rompantes para magoar seu cônjuge, como ele se sente? E você, como se sente quando ele age assim com você?

   _____
   _____
   _____
   _____

4. Depois de um rompante de raiva da sua parte, você se sente melhor? Por que sim, ou não? Em relação a seu cônjuge, acredita que ele se sinta melhor depois de ter um rompante de raiva? Por que sim, ou não?

   _____
   _____
   _____
   _____

5. Você acredita que punição serve para "empatar o jogo", e que sem punição seu cônjuge ganha e você perde? Explique. Acredita que seu cônjuge pensa dessa forma? Explique.

6. Em quais momentos você tenta evitar direcionar rompantes de raiva ao seu cônjuge, e de que forma? Em quais momentos seu cônjuge tenta evitar atingir você com rompantes de raiva, e de que forma?

7. Se você decidisse nunca mais atingir seu cônjuge com rompantes de raiva, conseguiria parar? Por que sim, ou não?

8. Está disposto ou disposta a isso? Por que sim, ou não?

9. Acrescente qualquer informação que ajude o casal a evitar a ocorrência de rompantes de raiva no futuro.

ESTRATÉGIA PARA SUPERAR ROMPANTES DE RAIVA

Este formulário foi criado para ajudá-lo a criar a estratégia necessária para superar rompantes de raiva. Complete as questões a fim de documentar o processo usado para selecionar a estratégia.

1. Você reconhece o fato de que você, e apenas você, é responsável por seus rompantes de raiva, e que ninguém "lhe faz" ter um comportamento explosivo? Se não aceitar esse fato, nunca aprenderá a controlar seu temperamento, pois sempre terá uma desculpa para quando perder o controle.

    _____
    _____
    _____
    _____

2. Descreva seus rompantes de raiva, inclua uma descrição de seus sentimentos, pensamentos e atitudes, bem como de suas demonstrações físicas e verbais.

    _____
    _____
    _____
    _____

3. Descreva as condições que parecem desencadear seus rompantes de raiva, incluindo lugares, pessoas, o comportamento das pessoas e qualquer outra condição relevante.

    _____
    _____
    _____
    _____

4. Quais mudanças nas condições descritas acima poderiam ajudar a evitar a ocorrência de rompantes de raiva?

    _____
    _____
    _____
    _____

5. Quais mudanças descritas na questão anterior podem ser feitas com a aprovação e o apoio do seu cônjuge?

6. Descreva seu plano para mudar essas condições, incluindo prazo. Certifique-se sobre a aprovação e o apoio do seu cônjuge.

7. Quais das mudanças descritas na questão 4 não podem ser feitas sem a aprovação e o apoio do seu cônjuge, ou não podem ser feitas de forma nenhuma?

8. Descreva seu plano para superar rompantes de raiva quando as condições descritas na questão anterior existirem. Inclua um prazo para realização do plano e esteja certo de que seu cônjuge apoia e aprova a empreitada.

9. Como você pretende medir o sucesso do plano? Essa métrica tem o apoio do seu cônjuge?

10. Se o plano não for bem-sucedido no prazo estipulado, você concordaria em buscar ajuda especializada? Como a buscaria?

_____
_____
_____
_____

PLANILHA DE ROMPANTES DE RAIVA

Liste ocorrências de rompantes de raiva e outros atos do seu cônjuge que você considera como sendo punições para algo de errado que você fez. Inclua atos verbais e físicos, bem como ameaças, xingamentos, e comentários desrespeitosos ou jocosos sobre você.

Dia	Data	Horário	Tipo de Rompante de Raiva e Circunstâncias
1.	/	/	/
2.	/	/	/
3.	/	/	/
4.	/	/	/
5.	/	/	/
6.	/	/	/

7. _____/_____/_____/_____
   _____
   _____
   _____

8. _____/_____/_____/_____
   _____
   _____
   _____

SUPERANDO A DESONESTIDADE

A MINHA ABORDAGEM para a superação da desonestidade segue a sequência lógica que utilizo para eliminar os outros hábitos destruidores do amor. Primeiro é preciso entender como e por que a desonestidade se estabeleceu no casamento. O Inventário de Desonestidade, que você já deve ter completado na seção de honestidade e transparência deste livro de exercícios, ajuda a identificar os efeitos e a natureza da desonestidade, os esforços de cada cônjuge para evitá-la, e a disposição de cada um para deixar de agir de forma desonesta. As perguntas proporcionam oportunidade para refletir tanto sobre sua própria desonestidade quanto sobre a desonestidade do seu cônjuge.

O próximo passo é o plano para superar o problema. O formulário Estratégia para Superar a Desonestidade ajuda a detalhá-lo. Reproduzo aqui os quatro tipos de mentirosos que descrevo no capítulo 10 de *Love Busters*. Cada tipo requer uma estratégia diferente, o que é abordado no capítulo 11 do mesmo livro.

O mentiroso do tipo "não tenho nada a ver com isso" normalmente apresenta duas falhas: ele se meteu em problemas, mas mente ao não admitir isso. Se meter em problemas nesse caso geralmente resulta do fato de não seguir ou não levar a sério a Política de Acordo Mútuo: nunca faça algo sem o consentimento, a concordância e a aprovação do seu cônjuge. Em outras palavras, ele toma atitudes contraindicadas mesmo sabendo que vai causar incômodo e insatisfação se a esposa um dia descobrir o que ele fez. Trata-se de um exemplo de comportamento independente. Ao consultá-la primeiro, ele não precisa se apoiar em mentiras. Por isso, na maioria dos casos, a estratégia deve atacar também a questão do comportamento independente.

Tenho observado um aumento na falta de vontade das pessoas para abandonar atividades que incomodam seus cônjuges. Tal teimosia é, sem dúvida, uma das causas principais para a falência dos relacionamentos amorosos. O que parece seguir essa falta de disposição é uma nova ética segundo a qual seria cruel demais expor seu cônjuge a qualquer informação sobre você que venha a lhe causar desconforto. Há quem diga que é melhor guardar para si do que dizer coisas que possam chatear seu cônjuge — mesmo que verdadeiras e necessárias. Dito de outro modo, a desonestidade está em alta e é vista por muitos como uma espécie de nova ética.

Essa é a mentalidade do mentiroso do tipo "não tenho nada a ver com isso", mas também do mentiroso "protetor". Esse segundo tipo, entretanto, não necessariamente se envolve em atividades que incomodam o cônjuge. Talvez o marido minta por acreditar que a esposa não está emocionalmente preparada para enfrentar as frustrações da vida. Ele acha que ela precisa ser protegida. O compromisso de ser honesto pode em muitos casos colocar um ponto final nesse mito. Essa pessoa não gosta de ser desonesta, mas esconde a verdade porque acha que é melhor assim.

Esse marido pode aprender e passar a agir de forma honesta da noite para o dia ao se dar conta de que a honestidade representa a melhor proteção.

Há também o mentiroso que se esforça para parecer melhor do que pensa que é, o mentiroso do tipo "contador de vantagem". Esse tipo geralmente é vítima de um sentimento profundo de que não é bom o suficiente, ou de que não faz o suficiente para merecer admiração. Assim, o "contador de vantagem" imagina que exageros, mentiras e fábulas o ajudarão a ganhar a aceitação que ele tanto deseja. A estratégia para superar esse tipo de mentira geralmente envolve um esforço compensatório para atender à sua profunda necessidade de admiração e de valorização. (Confira o capítulo 12 de *His Needs, Her Needs*.)

O quarto tipo é o mentiroso "de nascença". Ele tem um problema tão grande com a verdade que eu desconheço uma estratégia capaz de surtir resultado. Felizmente, poucos deles se casam.

Uma vez criado o plano para superar a desonestidade, utilize a Planilha de Desonestidade para medir o progresso. Normalmente a planilha é preenchida pelo cônjuge que é a vítima do hábito destruidor. Mas, nesse caso, ambos devem completá-la juntos. Isso porque não haveria como um saber se o outro está sendo honesto. A planilha em si exige honestidade.

INVENTÁRIO DE DESONESTIDADE

Responda às perguntas seguintes de forma espontânea, com base em suas impressões.

1. Quando age de forma desonesta com seu cônjuge, que tipo de mentiroso ou mentirosa você é? (Circule as alternativas que achar apropriadas.)

    - Mentiroso do tipo "não tenho nada a ver com isso"
    - Mentiroso "protetor"
    - Mentiroso "contador de vantagem"
    - Mentiroso "de nascença"

    Quando seu cônjuge age de forma desonesta com você, que tipo de mentiroso acredita que ele seja? (Circule as alternativas que achar apropriadas.)

    - Mentiroso do tipo "não tenho nada a ver com isso"
    - Mentiroso "protetor"
    - Mentiroso "contador de vantagem"
    - Mentiroso "de nascença"

2. Por quais motivos você é desonesto ou desonesta com seu cônjuge? E quais os principais motivos que levam ele a ser desonesto com você?
    _____
    _____
    _____
    _____

3. Quando age de forma desonesta com seu cônjuge, o que você geralmente faz? E, quando ele age de forma desonesta com você, o que ele faz?
    _____
    _____
    _____
    _____

4. Como seu cônjuge se sente quando você age desonestamente com ele? E como você se sente quando ele é desonesto com você?
    _____
    _____

5. Em quais momentos você procura evitar ser desonesto, e de que forma? Quando acredita que seu cônjuge procura evitar ser desonesto com você, e de que maneira?

6. Se você decidisse nunca mais ser desonesto com seu cônjuge, seria capaz de parar? Por que sim, ou não?

7. Está disposto a fazer isso? Por que sim, ou não?

8. Acrescente qualquer informação que possa ajudar você e seu cônjuge a evitar desonestidade no futuro.

ESTRATÉGIA PARA SUPERAR A DESONESTIDADE

Este formulário foi desenvolvido para lhe ajudar a criar uma estratégia a fim de superar a desonestidade. Responda às perguntas para documentar o processo utilizado para selecionar uma estratégia.

1. Descreva sua desonestidade, incluindo sentimentos, pensamentos e atitudes.
   _____
   _____
   _____
   _____

2. Descreva as condições que parecem desencadear sua desonestidade, incluindo lugares, pessoas, o comportamento dessas pessoas e qualquer outra condição relevante.
   _____
   _____
   _____
   _____

3. Quais mudanças nas condições descritas na questão anterior lhe ajudariam a evitar a desonestidade?
   _____
   _____
   _____
   _____

4. Quais mudanças descritas na questão anterior podem ser feitas com o apoio e a aprovação do seu cônjuge?
   _____
   _____
   _____
   _____

5. Descreva seu plano para mudar essas condições e inclua prazo. Certifique-se de ter o apoio e a aprovação de seu cônjuge.
   _____
   _____

6. Quais das mudanças descritas na questão 3 não podem ser feitas sem a aprovação do seu cônjuge ou não podem ser feitas de forma nenhuma?

7. Descreva seu plano para superar a desonestidade levando em conta a existência das condições descritas na questão anterior. Inclua prazo e assegure o apoio do seu cônjuge.

8. Como você medirá o sucesso do plano para superar a desonestidade? Seu cônjuge aprova essa métrica?

9. Se o seu plano não for completado no prazo, concordaria em buscar ajuda profissional? Como faria isso?

PLANILHA DE DESONESTIDADE

Descreva todos os momentos em que você foi desonesto ou desonesta. Geralmente, você completa as planilhas a respeito dos hábitos destrutivos do seu cônjuge, e ele faz o mesmo em relação a você. Mas, nesse caso, vocês devem preencher a planilha juntos, uma vez que deve haver casos de desonestidade da sua parte sobre os quais seu cônjuge não saberia se você não contasse, e vice-versa.

Dia	Data	Horário	Tipo de Desonestidade e Circunstâncias
1.	/	/	/
2.	/	/	/
3.	/	/	/
4.	/	/	/
5.	/	/	/
6.	/	/	/

7. _____/_____/_____/_____

8. _____/_____/_____/_____

SUPERANDO HÁBITOS IRRITANTES

Hábitos irritantes ocupam a sexta posição entre os hábitos destruidores do amor em *Love Busters*, mas neste livro de exercícios eles figuram em quinto lugar. Decidi mudar a ordem aqui, colocando-os à frente do tópico intitulado comportamento independente, de modo a dar mais ênfase em como resolver os conflitos derivados desses problemas comuns enfrentados no casamento.

Hábitos irritantes são de fato muito comuns no casamento. No começo, o cônjuge que é vítima do problema causado pelo outro sempre faz um esforço para expressar quão irrefletido o comportamento é. Quando essa abordagem encontra raiva ou indiferença como resposta, o cônjuge afetado acaba desistindo de tentar mudar o comportamento ou o hábito em questão, o que torna cada vez mais difícil suportar o causador da irritação. Hábitos irritantes podem não parecer tão graves para quem está de fora e não precisa conviver e nem é diretamente afetado por eles, mas, para os envolvidos, pode tornar-se a causa principal da perda do encanto e da derrocada de muitos casamentos.

*

Hábitos irritantes são como uma goteira
que aos poucos acaba tirando a paz

Existem muitas justificativas para os hábitos irritantes, como "Eu sou assim", ou "Você está desse jeito porque não gosta de mim". Qualquer que seja a desculpa, hábitos irritantes podem ser eliminados sem necessidade de mudanças de personalidade — e os cônjuges se sentirão muito mais atraídos um pelo outro com a eliminação deles.

No capítulo 13 de *Love Busters*, afirmo que o primeiro passo para superar hábitos irritantes é identificá-los. O Inventário de Hábitos Irritantes: Primeira Parte, ajuda a identificar essas ervas daninhas do casamento e deve ser preenchido pelo cônjuge que sofre com o problema. Esse inventário é não apenas uma lista dos hábitos irritantes, mas também indica o quão irritante cada um deles é.

A lista de hábitos irritantes normalmente inclui alguns que podem ser facilmente superados com a simples decisão de interrompê-los. São geralmente hábitos novos que não foram enraizados e condicionados de forma mais profunda no cérebro, ou hábitos que não proporcionam muita gratificação ou recompensa. O segundo passo é isolar esses hábitos mais fáceis de serem combatidos e superados. É claro que, se o cônjuge acha que não é capaz de parar de praticá-los com uma simples decisão, é preciso reinseri-los na lista.

Sobra uma lista de hábitos irritantes que não podem ser eliminados facilmente. A eliminação desses hábitos irritantes demandará esforço e planejamento especial.

O terceiro passo para superar hábitos irritantes é selecionar os três piores da lista para serem eliminados primeiro.

O quarto passo que recomendo é procurar entender as razões e a natureza dos três hábitos selecionados. Cada um deles é analisado separadamente usando o Inventário de Hábitos Irritantes: Segunda Parte. Quando a análise estiver completa, você e seu cônjuge terão uma boa noção de como atacar o problema.

O quinto passo é "se livrar" dele. O formulário Estratégia para Superar Hábitos Irritantes ajudará você ou seu cônjuge a documentar o plano para eliminá-los. Feito isso, a planilha será usada para medir o progresso rumo à superação — o que representa o sexto passo.

Quando esses três hábitos irritantes forem eliminados, o sétimo passo é voltar à lista original, selecionar mais três hábitos para serem eliminados, e repetir os passos 4, 5 e 6.

O erro que muitos casais cometem é acreditar que apenas força de vontade é o suficiente para eliminar esses hábitos irritantes. Aqueles que, como eu, estão mais familiarizados com questões relacionadas à mudança de comportamento sabem que vontade é essencial, mas representa apenas o primeiro passo. Uma vez que um plano de mudança é implementado, o comportamento-alvo precisa ser monitorado cuidadosamente por meio da Planilha de Hábitos Irritantes. A planilha dirá a você e a seu cônjuge se o plano está funcionando ou não. Se o comportamento não for eliminado dentro de um prazo razoável, um novo plano precisará ser criado e implementado.

Para muitos, pode parecer um exercício comparável a um tormento sem fim, mas, como fica claro pela prática, trata-se de uma maneira relativamente indolor de estabelecer compatibilidade com seu cônjuge. Na medida em que hábitos irritantes vão sendo eliminados, você e seu cônjuge descobrirão que a convivência se torna muito mais tranquila e que nenhum dos dois perde parte de sua personalidade ou motivação. De fato, vocês perceberão que agradar um ao outro se torna cada vez mais natural e automático.

INVENTÁRIO DE HÁBITOS IRRITANTES: PRIMEIRA PARTE

*Este inventário deve ser preenchido pelo cônjuge
que é vítima da irritação causada pelos hábitos do outro.*

Hábitos irritantes são comportamentos repetidos de forma irrefletida e que causam incômodo. Eles incluem maneirismos tais como o jeito de comer, hábitos de higiene e a forma de falar.

Liste os hábitos do seu cônjuge que você acha irritantes: (1) dê um nome para o hábito, (2) descreva-o, (3) indique a frequência com que ocorre e (4) atribua uma nota de 0 a 10 para indicar a intensidade da irritação causada pelo hábito (0 = nada irritante; 10 = extremamente irritante).

1. Nome do hábito: _____
   Descrição do hábito: _____
   _____
   Frequência: _____ Intensidade: _____

2. Nome do hábito: _____
   Descrição do hábito: _____
   _____
   Frequência: _____ Intensidade: _____

3. Nome do hábito: _____
   Descrição do hábito: _____
   _____
   Frequência: _____ Intensidade: _____

4. Nome do hábito: _____
   Descrição do hábito: _____
   _____
   Frequência: _____ Intensidade: _____

5. Nome do hábito: _____
   Descrição do hábito: _____
   _____
   Frequência: _____ Intensidade: _____

INVENTÁRIO DE HÁBITOS IRRITANTES: SEGUNDA PARTE

Este inventário deve ser preenchido pelo cônjuge que tem hábitos irritantes.

Todas estas questões dizem respeito a este hábito irritante:
___

1. Quando você começou a praticar esse hábito?
___

2. Por quais motivos você começou a praticar esse hábito?
___

3. Por quais motivos você pratica esse hábito hoje?
___

4. Quando pratica esse hábito, como você se sente?
___

5. Quando você pratica esse hábito, como seu cônjuge se sente?
___

6. Já tentou abandonar esse hábito? Se sim, como tentou fazê-lo?
___

7. Se você decidisse abandonar completamente esse hábito, acha que conseguiria? Por que sim, ou não?
___

8. Está disposto ou disposta a largar esse hábito?
_____
_____

9. Se tiver qualquer sugestão para facilitar a eliminação desse hábito, escreva-a numa folha à parte e anexe a este formulário.
_____
_____

ESTRATÉGIA PARA SUPERAR HÁBITOS IRRITANTES

Este formulário deve ser preenchido pelo cônjuge com hábitos irritantes.

Este formulário foi desenvolvido para ajudá-los a superar o hábito irritante de
_____.

Responda às perguntas para documentar o processo de escolha de uma estratégia.

1. Descreva o hábito irritante e o que o torna incômodo para o seu cônjuge, além de seus sentimentos, pensamentos e atitudes quando se envolve com esse hábito.
   _____
   _____

2. Descreva as condições que parecem desencadear o problema, incluindo lugares, pessoas, o comportamento delas e outras que achar pertinentes.
   _____
   _____

3. Quais mudanças nas condições descritas na pergunta anterior lhe ajudariam a evitar o hábito irritante?
   _____
   _____

4. Quais das mudanças descritas na pergunta anterior podem ser feitas com o apoio e a aprovação de seu cônjuge?
   _____
   _____

5. Descreva o plano para mudar tais condições, estabeleça um prazo e certifique-se de ter o apoio de seu cônjuge.
   _____
   _____

6. Quais das mudanças descritas na questão 3 não podem ser feitas sem a aprovação e o apoio do seu cônjuge, ou não podem ser feitas de forma alguma?
   _____
   _____

7. Descreva o plano para superar os hábitos irritantes diante da existência das condições citadas na questão anterior. Inclua um prazo e certifique-se sobre a aprovação do seu cônjuge.
   _____
   _____

8. Como medir o sucesso do plano para superar o hábito irritante? O seu cônjuge está de acordo com essa métrica?
   _____
   _____

9. Se o plano não for completado no prazo, concorda em buscar ajuda profissional para vencer o problema que tanto incomoda seu cônjuge? Como buscaria tal ajuda?
   _____
   _____

PLANILHA DE HÁBITOS IRRITANTES

Esta planilha deve ser preenchida pelo cônjuge irritado com a situação.

Esta planilha se aplica ao seguinte hábito irritante: _____.

Cite os momentos em que seu cônjuge praticou o hábito irritante. Se ele negociou um acordo com você, indique se achou o acordo irritante ou não.

Dia	Data	Horário	Circunstâncias

1. _____/_____/_____/_____
   _____
   _____
   _____

2. _____/_____/_____/_____
   _____
   _____
   _____

3. _____/_____/_____/_____
   _____
   _____
   _____

4. _____/_____/_____/_____
   _____
   _____
   _____

5. _____/_____/_____/_____
   _____
   _____

_____
_____

6. _____/_____/_____/_____
_____
_____
_____
_____

7. _____/_____/_____/_____
_____
_____
_____
_____

8. _____/_____/_____/_____
_____
_____
_____
_____

SUPERANDO O COMPORTAMENTO INDEPENDENTE

Uma vez casados, quase tudo que o marido e a esposa decidem fazer acaba tendo um impacto positivo ou negativo no outro. Em outras palavras, você estará realizando depósitos ou saques de unidades do Banco de Amor a cada ação tomada. Assim, se você tomar decisões sem levar em conta os interesses do seu cônjuge, estará automaticamente colocando em risco de destruição o amor que um tem pelo outro.

Defino comportamento independente como a conduta que ignora os sentimentos e os interesses do cônjuge. Normalmente é algo programado e que requer certo planejamento antes de ser executado, de modo que a maneira mais fácil de superar esse hábito destruidor é simplesmente — e literalmente — bani-lo do seu calendário.

Se o futebol das noites de quinta-feira incomoda a sua esposa por algum motivo, substitua esse compromisso por outro que a agrade e com o qual ela se sinta bem.

Um dos vilões do qual já falamos, os hábitos irritantes podem ser muito difíceis de superar porque são repetidos de forma inconsciente. Mesmo que você concorde em eliminá-los, eles parecem voltar de repente. Mas o comportamento independente requer decisão deliberada. Sempre que você se comporta de forma independente, você sabe muito bem o que está fazendo.

Se seguir a Política de Acordo Mútuo (nunca faça nada sem a aprovação e o apoio do seu cônjuge), você nunca incorrerá em comportamento independente — qualquer evento ou atividade que não seja mutuamente acolhida pelo casal simplesmente não acontece. A Política de Acordo Mútuo traz à memória a necessidade de levar os sentimentos e os interesses do cônjuge em consideração sempre que houver a possibilidade de se esquecer disso.

O comportamento independente é um problema na maior parte dos casamentos porque todos somos tentados a fazer aquilo que nos faz felizes, mesmo quando isso traz infelicidade para nossos cônjuges. Não sentimos a dor que causamos no outro quando agimos com falta de consideração — tudo o que sentimos é o prazer proporcionado pelas atividades que nos agradam. Essa é a razão pela qual a Política de Acordo Mútuo é tão importante para o casamento. Ela nos coloca no lugar do outro, de modo a sentir o seu desconforto. Faz-nos comportar com empatia.

A alternativa apropriada ao comportamento independente é o comportamento interdependente. Neste modelo, a participação em eventos e atividades é limitada de acordo com os gostos e as preferências de ambos os cônjuges. Todos ficam satisfeitos e ninguém sofre quando as decisões são tomadas levando em consideração os sentimentos do outro.

✳ Um casal deve fazer as coisas juntos e descartar as atividades que causam desunião

Se você não for muito habilidoso na arte de conquistar o acordo e a aprovação do outro para a resolução de conflitos, a próxima seção deste livro de exercícios é para você. Ela lhe proporcionará prática com base em conflitos de terceiros até que você assimile conhecimentos e se torne proficiente. Quando tiver praticado o suficiente e sentir que já aprendeu como as coisas funcionam, você será capaz de lidar com seus próprios conflitos usando as novas habilidades adquiridas.

O objetivo: acordo devidamente aprovado — e com entusiasmo

Existem dois tipos de conflito no casamento: 1) quando um cônjuge quer que o outro faça algo que o outro não quer fazer e 2) quando um cônjuge quer fazer algo que o outro não quer que ele faça.

Fazer uma exigência egoísta é um hábito destruidor totalmente contraindicado para resolver o primeiro tipo de conflito, quando um tenta forçar o outro a cumprir aquilo que ele quer. O comportamento independente é contraindicado para resolver o segundo tipo de conflito, isso é, não se deve agir da maneira desejada quando o outro se põe claramente em desacordo.

Independentemente do tipo de conflito, seu objetivo deve ser o de continuar dialogando e discutindo sobre as mais variadas alternativas até conquistar do outro uma aprovação entusiasmada. Essa é a única maneira pela qual você e seu cônjuge podem realizar depósitos no Banco de Amor a cada decisão tomada. Quando se sentir tentado a recorrer a exigências egoístas ou a adotar comportamento independente, tomando decisões que beneficiam apenas um dos lados, lembre-se de focar o objetivo: encontrar uma solução mutuamente satisfatória para o conflito enfrentado.

É provável que você, neste momento, tenha o hábito de tentar resolver pelo menos alguns dos próprios conflitos de forma equivocada. Assim, eu lhe encorajo a resistir à tentação de aceitar qualquer condição que seja inferior ao patamar ideal aqui estabelecido: a aprovação entusiasmada de seu cônjuge.

Por que eu insisto nisso? Porque um acordo devidamente aprovado, com entusiasmo, elimina qualquer possibilidade de um acordo relutante, no qual existe algo de errado em sua resolução para pelo menos um dos cônjuges. Um acordo que não tenha a aprovação total do marido e da esposa deixa claro que mais reflexão deveria ter sido dispensada em busca de um melhor resultado para ambos.

Se vocês realmente se importam um com o outro da forma como devem, certamente desejam que a outra pessoa fique satisfeita com as decisões que você toma. Vocês estarão demonstrando aquele cuidado excepcional que caracteriza um casamento bem-sucedido.

O método das quatro diretrizes para uma negociação de sucesso

Introduzi as Quatro Diretrizes para uma Negociação de Sucesso com objetivo de superar exigências egoístas. Esse método também pode ser utilizado para ajudá-lo a resolver conflitos que envolvam comportamento independente. Vale a pena revisar as diretrizes:

Diretriz #1: Estabeleça regras para tornar as discussões agradáveis e amigáveis.
Regra #1: Procure ser generoso e otimista durante a discussão.
Regra #2: Segurança em primeiro lugar. Não faça exigências, não mostre desrespeito e nem irritação durante a discussão.
Regra #3: Se chegar a um impasse ou se um de vocês começar a fazer exigências, demonstrar desrespeito ou irritação, interrompa a discussão e volte ao tema em questão mais tarde.

Diretriz #2: Identifique o conflito e investigue os interesses e os pontos de vista de cada um com o máximo de respeito possível. Não dê a sua perspectiva a menos que seu cônjuge peça, e não fique colocando a perspectiva do seu cônjuge à prova.

Diretriz #3: Considere o maior número possível de resoluções que você acredita poder satisfazer os interesses e pontos de vista de ambos. Anote os momentos em que tiver essas ideias, de modo a não se esquecer delas.

Diretriz #4: Escolha uma resolução com a qual ambos concordem e apoiem com entusiasmo. Se você precisa de alguma experiência antes de ter a certeza de que a resolução funcionará para ambos, teste-a durante um período limitado previamente acordado. Ao término do período, analise os resultados e (a) volte para a diretriz #3 se os resultados não forem tão bons quanto o esperado ou (b) procure testar a resolução por um período um pouco mais longo (sempre com apoio e aprovação mútua) de modo a dar mais tempo para que possa funcionar.

PRÁTICA DE RESOLUÇÃO DOS CINCO PROBLEMAS MAIS COMUNS NO CASAMENTO

Antes de se tornar um especialista em resolução de conflitos, é preciso aprender a resolvê-los da maneira certa. Mas, em vez de praticar com os próprios conflitos, nos quais é praticamente inevitável refrear as emoções — o que torna tudo mais complexo — sugiro que pratique inicialmente com conflitos de terceiros.

Para proporcionar essa prática, escolhi cinco exemplos dos conflitos mais comuns do casamento. São conflitos relacionados a amigos e a parentes, conflitos ligados à carreira profissional e ao gerenciamento do tempo, conflitos sobre gestão financeira, sobre filhos e sobre sexo. Em cada uma dessas cinco categorias, ofereço um cenário com todos os elementos necessários para que você treine como resolver.

Se um desses cenários soar familiar demais por se tratar de um conflito não resolvido no seu casamento, pule-o e parta para o próximo. Não quero que você fique enredado em nenhuma distração emocional durante essas sessões práticas, de modo que isso o atrapalhe a aprender como seguir as quatro diretrizes.

Cada cenário é apresentado com uma breve descrição do que ambos os cônjuges inicialmente desejam, bem como suas perspectivas discordantes em relação ao problema. Cabe a você acrescentar sua própria informação imaginária às perspectivas deles, de modo a propiciar um quadro mais completo do que deve funcionar para ambos.

Eu vou lhe ajudar ao longo de todo o primeiro exemplo, mas, depois de trabalharmos neste cenário juntos, você trabalhará no resto deles por conta própria. Ao final, entretanto, ofereço uma resolução sugerida para cada exemplo, caso você não consiga chegar à resolução por conta própria.

Conflitos relacionados a amigos e a parentes

Cenário #1: Andréia acredita que os amigos de Saulo estão tomando muito tempo dele. Mas ele acredita que cultivar amizades requer investimento de tempo, e que amigos são algo importante na vida de um homem. A Andréia acha que as prioridades da vida do marido deveriam ser a esposa e os filhos, e que ele deveria, portanto, aproveitar o tempo com eles. Existem meios para que ambos possam ficar satisfeitos sem que haja uma mudança de perspectiva por parte de cada um?

Vou lhe conduzir neste primeiro exemplo para que você possa compreender o modelo de ação que eu recomendo. Para os demais exemplos, deixarei espaço para que você possa escrever a partir da sua própria perspectiva e chegar a uma solução que o casal possa aprovar e aderir entusiasticamente.

A primeira diretriz é tornar a conversa agradável e amigável. Você não deve fazer exigências, demonstrar desrespeito, ou dar vazão à raiva durante uma discussão. E seu cônjuge é quem determina se você está evitando esses hábitos abusivos. Se ele perceber que você está sendo exigente demais, desrespeitoso ou descontrolado, pare com o comportamento que está causando desconforto a ponto de levar seu cônjuge a essa conclusão. Para resolver conflitos no casamento, a conversa precisa ser sempre agradável e amigável.

A segunda diretriz é identificar o conflito e entender a perspectiva de cada um, se colocando no lugar do outro em relação ao problema. Quando você ataca o ponto de vista do outro em vez de buscar uma solução que combine as perspectivas de ambos, fica difícil chegar a uma solução do tipo ganha-ganha, em que ninguém sai prejudicado. Procure focar o que fará ambos satisfeitos, mantendo intactas as perspectivas de cada um.

Boa vontade e atitude voltada à satisfação do outro são aspectos que devem nortear a discussão. A busca de apoio e aprovação mútua leva a esse objetivo. Mas, quando você insiste em impor as coisas do seu jeito à custa do seu cônjuge, você está expressando o oposto da boa vontade — a falta de disposição para cuidar do outro.

Durante todo o processo de busca de uma solução para o conflito, o objetivo é chegar à aprovação e ao apoio de bom grado, com entusiasmo. Até que esse acordo seja atingido, nada deve ser feito. O Saulo não deve encontrar com os amigos dele a menos que a Andréia concorde de bom grado com isso, da mesma forma que ele não pode fazer o que ela quer, no caso passar todo o tempo livre com a família, a menos que ele concorde de verdade com isso. Nesse caso, o Saulo concorda de bom grado em passar o tempo em casa com a família até que ele e sua esposa decidam o caminho a seguir de forma permanente.

Qual é o conflito? Saulo quer curtir com os amigos enquanto a Andréia faz questão de que ele fique com ela e os filhos.

Qual é a perspectiva de Saulo (sintetize com base no cenário anterior e inclua as informações que você imaginar)? Ele acredita que amigos compõem parte importante da vida de um homem, e que é preciso de tempo para cultivá-los.

Os amigos sempre foram muito importantes para Saulo, desde a infância. Ele os considera amigos para a vida toda, de modo que passar menos tempo com eles configuraria uma espécie de traição. Além disso, os amigos vivem convidando Saulo para jogar basquete com eles nas noites de quinta-feira. É um convite praticamente irresistível, uma vez que ele é apaixonado por basquete e quer manter suas habilidades intactas.

Qual é a perspectiva da Andréia (sintetize com base no cenário anterior e inclua as informações que você imaginar)? Ela acredita que esposa e filhos são as pessoas mais importantes na vida de um homem, e que seu marido deveria passar com eles todo tempinho que sobrar.

A Andréia cresceu em uma família militar e o pai dela ficou meses ausente de casa por ter de servir ao exército. Quando criança, ela invejava seus primos, cujos pais estavam em casa quase todas as tardes. Andréia sempre desejou um casamento em que o marido estivesse em casa ao anoitecer, na presença dela e os filhos. Ela também sente que os amigos se tornaram uma má influência para o marido, uma vez que eles parecem passar pouquíssimo tempo com suas respectivas famílias.

A terceira diretriz para a resolução de conflitos conjugais é considerar a maior variedade possível de ideias. Quais tipos de solução poderiam fazer o Saulo e a Andréia felizes?

Primeiro, é preciso entender que a solução preferida do Saulo, passar o tempo com os amigos da forma como ele vem fazendo, não funciona para a Andréia. E deve ser descartada. E a solução da Andréia, de Saulo passar toldo o tempo livre com a família, não funciona para ele, e também deve ser rejeitada. Lembre-se de que um conflito matrimonial se dá quando uma alternativa funciona apenas para um dos lados. A resolução é uma terceira via capaz de acomodar os interesses e as perspectivas de ambos. A prática da "tempestade de ideias" aqui recomendada, em que se considera inicialmente a maior variedade possível de soluções, busca justamente isso.

A lista de possíveis soluções de Saulo para acomodar as duas perspectivas é a seguinte:

O primeiro pensamento dele é procurar se adequar à vontade dela, passando menos tempo com os amigos e mais tempo com a família. Mas isso não ataca o problema de ela acreditar que os amigos dele representam uma má influência para o marido. Ela não quer vê-lo por perto daqueles amigos.

O Saulo passa, então, a considerar a possibilidade de fazer amizade com pessoas que são do agrado da Andréia, pessoas que defendam valores familiares em vez de desencorajá-los. Mas, ainda assim, persiste o fato de que a esposa sente que o marido não passa tempo suficiente com ela e os filhos.

A lista de possíveis soluções da Andréia para acomodar as visões de ambos é a seguinte:

Ela propõe que Saulo passe todo o tempo livre com a família e que, ao fim e ao cabo, ele acabará gostando e aderindo à ideia de forma voluntária. Mas essa alternativa passa por cima de um conceito importante para Saulo: amigos e família são importantes na vida de um homem.

A segunda proposta é que ela se junte a ele nas atividades dele com os amigos. Dessa forma, ele poderia continuar cultivando suas amizades e, ao mesmo tempo, passar mais tempo com ela. Assim, Andréia não se sentiria mais deixada de lado. E, se algum dos amigos dele se manifestasse contrariamente à participação dela, ou se fizesse com que ela se sentisse desconfortável, eles não seriam mais amigos dele. Somente aqueles que aceitassem a participação dela continuariam sendo amigos dele.

A solução final:
A discussão leva ao entendimento de que Saulo terá grande prazer em acolher a esposa nas atividades que ele planeja com os amigos, mas não seria no basquete. Em vez disso, teria que ser algo que agradasse a ambos. Ele constata que os amigos dele deveriam ser amigos dela também. Por isso, está disposto a planejar passeios e programas com esses amigos para ver se Andréia vai se sentir confortável na presença deles. Se ela se sentir como um peixe fora d'água, eles param de sair juntos. Ele também está aberto à ideia de se reunir com os amigos de Andréia para ver como se daria com eles.

Trata-se de um plano preliminar, restando apenas um mês para que possam ver como se sentem em relação às medidas consideradas. Ao final do mês, ambos concluem que colocar o plano em ação é de fato a melhor escolha.

Agora que já lhe ajudei a pensar em uma solução ganha-ganha com base neste primeiro exemplo de conflito matrimonial, utilize o mesmo procedimento a fim de encontrar uma solução ganha-ganha para outro exemplo de conflito envolvendo amigos e parentes. Depois disso, vou apresentar um conflito para cada um dos outros quatros problemas mais comuns no casamento. Se você se sentir perdido em relação a algum deles, ofereço algumas sugestões ao final desta seção.

Cenário #2: Rafael acha que sua esposa, Sônia, está sendo amigável demais com um colega do grupo de canto do qual faz parte. A Sônia acha que não tem nada demais, de modo que o Rafael não deveria se preocupar. Quais caminhos ambos poderiam escolher para continuar satisfeitos sem que houvesse mudança na perspectiva de cada um?

Qual é o conflito?

Qual é a perspectiva do Rafael? Descreva com base no cenário anterior e inclua as informações que você imaginar:

_____
_____
_____
_____

Qual é a perspectiva da Sônia? Descreva com base no cenário anterior e inclua as informações que você imaginar:

_____
_____
_____
_____

A lista de soluções possíveis do Rafael para acomodar as duas perspectivas:

_____
_____
_____
_____

A lista de soluções possíveis da Sônia para acomodar as visões de ambos:

_____
_____
_____
_____

A solução final:

_____
_____
_____
_____

Conflitos relacionados à carreira profissional e ao gerenciamento do tempo

Cenário #3: O trabalho do Alan exige que ele passe vários dias por semana viajando, e isso faz com que sua esposa, Carol, se sinta deixada de lado e com receio de que ele possa estar tendo um caso. Alan acredita que as exigências do trabalho dele são inegociáveis e que, portanto, ambos deveriam aceitá-las. Quais alternativas ambos poderiam considerar para proteger a harmonia do casal sem que haja mudança nas perspectivas de cada um?

Qual é o conflito?
_____
_____
_____
_____

Qual é a perspectiva da Carol? Descreva com base no cenário anterior e inclua as informações que imaginar:
_____
_____
_____
_____

Qual é a perspectiva do Alan? Descreva e inclua informações que você imaginar:
_____
_____
_____
_____

A lista de soluções possíveis da Carol para acomodar os pontos de vista de ambos:
_____
_____
_____
_____

A lista de possíveis soluções de Alan para acomodar as perspectivas dos dois:

_____
_____
_____
_____

A solução final:

_____
_____
_____
_____

Conflitos relacionados ao gerenciamento financeiro

Cenário #4: Carlos acredita que, pelo fato de ele ser responsável pela maior parcela do rendimento da família, ele deveria poder gastar pelo menos parte do dinheiro como bem entendesse. Cristina, por outro lado, acredita que aquilo que o marido ganha pertence ao casal, de modo que ela deveria ser consultada sobre todos os desembolsos e despesas. Como ambos poderiam ficar satisfeitos sem que, para isso, seja necessário haver mudança de perspectivas?

Qual é o conflito?

_____
_____
_____
_____

Descreva a perspectiva de Carlos, acrescentando as informações que você imaginar:

_____
_____
_____
_____

Descreva a perspectiva de Cristina e acrescente as suas informações:

_____
_____
_____
_____

A lista de possíveis soluções de Carlos para acomodar as perspectivas de ambos:

_____
_____
_____
_____

A lista de Cristina de possíveis soluções para acomodar as perspectivas de ambos:

_____
_____
_____
_____

A solução final:

_____
_____
_____
_____

Conflitos envolvendo filhos

Cenário #5: Para Davi, os filhos adolescentes deveriam estar na cama no máximo às nove da noite, mas a Kátia pensa diferente e acha que está tudo bem se eles ficarem acordados até as dez. Como conciliar as visões de ambos, sem que haja mudanças de perspectivas?

Qual é o conflito?
_____
_____
_____
_____
_____

Descreva a perspectiva de Davi acrescentando as informações que você imaginar:
_____
_____
_____
_____
_____

Descreva a perspectiva de Kátia acrescentando as informações que você imaginar:
_____
_____
_____
_____
_____

A lista de Davi com soluções possíveis para acomodar as perspectivas de ambos:
_____
_____
_____
_____
_____

A lista de Kátia com soluções que, segundo ela, podem servir para acomodar as perspectivas de ambos:
_____
_____
_____
_____
_____

A solução final:
___
___
___
___

Conflitos relacionados a sexo

Cenário #6: Paulo gosta de ter relações espontâneas e não planejadas, mas a esposa Luciana se sente pega de surpresa cada vez que ele quer fazer amor. Existe uma maneira de conciliar os gostos e as preferências de ambos sem que seja necessário mudar a perspectiva de cada um?

Qual é o conflito?
___
___
___
___
___

Descreva a perspectiva de Paulo incluindo as informações que você imaginar:
___
___
___
___
___

Descreva a perspectiva de Luciana incluindo as informações que você imaginar:
___
___
___
___
___

A lista de Paulo com soluções possíveis para atender às perspectivas de ambos:
_____
_____
_____
_____

A lista de Luciana com soluções possíveis para acomodar perspectivas de ambos:
_____
_____
_____
_____

A solução final:
_____
_____
_____
_____

SOLUCIONANDO SEUS CONFLITOS NÃO RESOLVIDOS UTILIZANDO A POLÍTICA DE ACORDO MÚTUO E AS QUATRO DIRETRIZES PARA UMA NEGOCIAÇÃO DE SUCESSO

Agora que você acumulou experiência na resolução de conflitos de outros casais, chegou a hora de lidar com seus próprios conflitos. Mas primeiro é preciso estar preparado para superar alguns obstáculos comuns no caminho do sucesso nas negociações por meio das soluções do tipo ganha-ganha.

Identifique seus conflitos não resolvidos

A primeira tarefa é fazer uma lista dos seus conflitos não resolvidos. Descreva cada um deles da mesma forma como os conflitos anteriores foram descritos, com a exposição do conflito e uma breve explicação da perspectiva de cada cônjuge.

Utilize a lista seguinte de conflitos não resolvidos a fim de identificar os próprios. Uma vez que a maioria dos conflitos matrimoniais é iniciado por um dos cônjuges, o formulário é dividido em duas partes: conflitos iniciados pelo marido e conflitos iniciados pela esposa.

O cônjuge que inicia o conflito deve expressar sua perspectiva primeiro. E o outro cônjuge deve descrever sua própria perspectiva no campo apropriado. Por exemplo, num cenário em que o marido está preocupado com o que interpreta como proximidade excessiva da esposa com o colega do grupo de canto, ele completa a primeira parte e ela completa a segunda da seguinte forma:

A questão pela perspectiva de Rafael:
Acho que esta sua amizade com o Ricardo nas aulas de canto está meio esquisita.

A questão pela perspectiva da Sônia:
Não tem nada demais, acho que você não deveria perder tempo se preocupando com isso.

Se for necessário, faça uma cópia do formulário para acrescentar mais conflitos à sua lista.

A lista dele de conflitos não resolvidos

1. A questão pela perspectiva de _____

   A questão pela perspectiva de _____

2. A questão pela perspectiva de _____

   A questão pela perspectiva de _____

3. A questão pela perspectiva de _____

   A questão pela perspectiva de _____

4. A questão pela perspectiva de _____

   A questão pela perspectiva de _____

5. A questão pela perspectiva de _____

   A questão pela perspectiva de _____

6. A questão pela perspectiva de _____

   A questão pela perspectiva de _____

7. A questão pela perspectiva de _____

   A questão pela perspectiva de _____

8. A questão pela perspectiva de _____

   A questão pela perspectiva de _____

9. A questão pela perspectiva de _____

   A questão pela perspectiva de _____

10. A questão pela perspectiva de _____

    A questão pela perspectiva de _____

A lista dela de conflitos não resolvidos

1. A questão pela perspectiva de _____

   A questão pela perspectiva de _____

2. A questão pela perspectiva de _____

   A questão pela perspectiva de _____

3. A questão pela perspectiva de _____

   A questão pela perspectiva de _____

4. A questão pela perspectiva de _____

   A questão pela perspectiva de _____

5. A questão pela perspectiva de _____

   A questão pela perspectiva de _____

6. A questão pela perspectiva de _____

   A questão pela perspectiva de _____

7. A questão pela perspectiva de _____

   A questão pela perspectiva de _____

8. A questão pela perspectiva de _____

   A questão pela perspectiva de _____

9. A questão pela perspectiva de _____

   A questão pela perspectiva de _____

10. A questão pela perspectiva de _____

    A questão pela perspectiva de _____

Identificando conflitos que podem ser facilmente resolvidos

Muitas vezes o simples fato de mencionar determinado conflito numa conversa já é o suficiente para se chegar a um acordo mutuamente satisfatório em relação ao problema. Deem uma olhada nas listas de conflitos feitas pelos dois e identifiquem aqueles sobre os quais é possível firmar acordos rapidamente. Resolvam esses conflitos mais simples e os risquem da lista. Mas, se for preciso mais do que poucos minutos para solucionar qualquer um deles por meio de um acordo mutuamente satisfatório, deixe-os na lista.

Priorize os conflitos não resolvidos

Não se sinta desmotivado se sua lista de conflitos se revelar longa ou trabalhosa demais. Já aconselhei muitos casais que começaram com listas bastante longas e acabaram descobrindo que as habilidades e capacidades que eles desenvolveram lhes permitiram reduzi-las para um tamanho administrável. Você se sentirá motivado na medida em que for colecionando resoluções bem-sucedidas, e começará a perceber que todos os seus conflitos podem ser resolvidos desde que você dispense a eles tempo e atenção suficientes.

Mas, mesmo que você tenha apenas alguns poucos conflitos para resolver, recomendo que siga o procedimento trazido aqui. Pode parecer muito formal à primeira vista, mas acredite em mim. Antes de desenvolver a capacidade de resolver conflitos matrimoniais, você precisará considerar cada passo dado para resolvê-los da forma correta. Com a prática, o procedimento se tornará cada vez mais informal e natural.

Agora que vocês já fizeram duas listas de conflitos não resolvidos, uma na qual as questões são iniciadas pelo marido, e outra na qual as questões são iniciadas pela esposa, priorize cada lista avaliando seus conflitos de acordo com o nível de importância de cada um. O marido traça a ordem de prioridade da lista dele enquanto a esposa faz o mesmo com a lista dela. A avaliação começa com o número 1 e segue de acordo com a extensão da lista. Se sua lista contiver 10 conflitos, ela seguirá desde o número 1 — a questão mais importante e que você deseja resolver primeiro — até o número 10 — o conflito menos importante entre todos os mencionados.

Resolvam os dois conflitos prioritários do casal

Após a avaliação com atribuição dos números, abordem o conflito mais alto na escala de prioridades de cada lista. Reservem tempo para discutir formalmente o conflito prioritário de cada um e considerem o leque de ideias mais amplo possível ao longo da semana até chegarem a um acordo que tenha apoio mútuo.

Expliquem um ao outro as perspectivas de cada um de uma maneira muito mais detalhada do que fizeram na descrição inicial de cada questão. Utilizem essa descrição mais detalhada para pensar em maneiras de ajudar o cônjuge a ganhar, mas sem sentir que você ficou em desvantagem. Procurem não tentar mudar a perspectiva de cada um. Em vez disso, busquem resolver o conflito mantendo intactas ambas as perspectivas.

Utilize a Planilha de Negociação Matrimonial a seguir para registrar o progresso.

Não escrevam nessa planilha, de modo que possam fazer cópias a serem utilizadas para cada conflito trabalhado. O processo inicial de concepção e consideração do leque mais amplo possíveis de soluções deve tomar uma semana inteira. Ao final desse período, procurem identificar pelo menos uma alternativa viável a ser testada durante a semana seguinte.

Resolva os conflitos remanescentes

Teste as soluções possíveis propostas na semana anterior para atacar os conflitos mais altos na escala de prioridades. Continuem utilizando essas soluções se elas forem bem-sucedidas. Se não forem, voltem a considerar novas soluções possíveis. Planejem tempo a cada semana para solucionar os conflitos remanescentes de cada lista, trabalhando sempre a partir da prioridade mais alta progressivamente em direção às mais baixas.

PLANILHA DE NEGOCIAÇÃO MATRIMONIAL

Diretriz #1: Estabeleça regras para garantir que a discussão seja saudável e agradável

    Regra #1: Procure ser alegre e agradável durante a discussão.

    Regra #2: Segurança em primeiro lugar — não faça exigências, não demonstre falta de consideração ou apreço, e não dê lugar à irritação ou à raiva durante a discussão.

    Regra #3: Diante de um impasse a partir do qual parece não ser possível chegar a lugar algum, ou se um dos cônjuges começar a fazer exigências, a agir com desrespeito ou a demonstrar irritação, interrompa a discussão e retorne ao assunto depois.

Diretriz #2: Identifique o conflito e investigue os interesses e a perspectiva de cada um da forma mais respeitosa possível. Não informe sua perspectiva a menos que seu cônjuge pergunte, e não desafie a perspectiva dele.

O conflito:
_____
_____
_____
_____

Sua perspectiva:
_____
_____
_____
_____

A perspectiva do seu cônjuge:
_____
_____
_____
_____

Diretriz #3: Considere um amplo leque de ideias que você acredita serem capazes de satisfazer os interesses e as perspectivas de ambos. Tome nota dessas possíveis soluções de modo a não se esquecer de nenhuma delas.

Soluções possíveis:
_____
_____
_____
_____
_____

Diretriz #4a: Escolha uma solução que seja do agrado de ambos. Se precisar experimentá-la para ter certeza que de fato funciona para ambos, teste a solução por um período limitado e previamente acordado.

_____
_____
_____
_____
_____

Diretriz #4b: Quando o tempo se esgotar, avalie os resultados e (a) volte para a diretriz #3 se eles não forem tão bons quanto o esperado ou (b) teste a solução por um período um pouco mais longo (com apoio e aprovação mútuos) a fim de constatar se funciona.

Quando o conflito no topo da escala de prioridades for resolvido, resolvam o segundo mais importante da lista de ambos.

O processo nem sempre será tão formal ou estruturado assim. Chega um momento em que identificar e solucionar conflitos se torna algo mais espontâneo e imediato. Tem sido assim entre mim e minha esposa, Joyce. Mas, para chegar a este ponto, é preciso enxergar cada conflito como uma oportunidade para ajudar e conhecer um ao outro cada vez melhor. Se discorda da perspectiva do outro, é sinal de que ainda existe algo que você não entende em relação a ele — e que vale a pena investigar. Em vez de se desentender quando um conflito vem à tona, você estuda seu cônjuge e aprende informações valiosas que lhe ajudam a vislumbrar maneiras de buscar uma solução que deixe ambos felizes e satisfeitos.

Em alguns casos, você poderá contar com a ajuda de outros casais para entender melhor determinadas questões. O Fórum de Construtores do Casamento é um ótimo lugar para buscar inspiração quando você se sentir travado. A criatividade de outras pessoas pode apontar para soluções para o seu caso.

Contudo, mesmo nos momentos em que a resolução de um conflito parecer impossível, a sua conta no Banco de Amor se manterá positiva na medida em que você procurar tratá-lo sempre da maneira correta. Por outro lado, quando se tenta resolver conflitos de forma incorreta, por meio de exigências, desrespeito e raiva, o Banco de Amor vai à falência.

POSSÍVEIS SOLUÇÕES PARA CONFLITOS PRÁTICOS

Conflitos relacionados a amigos e a parentes

Cenário #2: Rafael sente que sua esposa, Sônia, é amigável demais com um colega do grupo de canto. Sônia acha que não há problema algum, de modo que Rafael não deveria se preocupar. Como ambos poderiam ser felizes sem abrir mão das perspectivas de cada um?

> Existem duas perspectivas neste exemplo que parecem, à primeira vista, configurar um conflito praticamente sem solução. A Política de Acordo Mútuo preconiza que não deve haver nenhum contato com o colega do grupo de canto até que os cônjuges possam concordar mutuamente com uma solução. Uma possibilidade seria simplesmente abandonar o grupo de canto e fazer qualquer outra coisa que fosse agradável para ambos.
>
> A posição da Sônia segundo a qual o Rafael não deveria se preocupar é desrespeitosa, de modo que convencê-lo de que o que ele acha não tem fundamento é algo que não levaria a lugar nenhum. Ele está preocupado, e esse é o motivo do conflito. Mas, se o Rafael pudesse definir de maneira mais clara o que quer dizer com "amigável demais", ela poderia continuar mantendo contato com o colega sem ofender o marido. Assim, Rafael sugere que Sônia limite as conversas com o colega a no máximo três minutos, não toque seu braço enquanto fala com ele, e certifique-se de que Rafael esteja por perto nos momentos em que ela conversar com ele. Uma vez que "não há nada demais", a Sônia está de pleno acordo porque ela quer que o marido esteja seguro em relação ao comportamento dela, e, ao mesmo tempo, ela não deixará de ser educada e amigável com o colega.

Conflitos relacionados à carreira profissional e ao gerenciamento do tempo

Cenário #3: O emprego do Alan exige que ele passe vários dias por semana viajando, o que deixa sua esposa, Carol, se sentindo abandonada e com receio de que ele possa estar envolvido em uma relação extraconjugal. Para Alan, compromissos profissionais são inegociáveis, e como tal precisam ser aceitos. De que maneira ambos os cônjuges podem ser felizes sem abrir mão da perspectiva de cada um?

> Uma de minhas regras principais para a felicidade no casamento é evitar a separação física dos cônjuges na virada de um dia para o outro.
>
> A separação, mesmo que por uma noite, não apenas abre brecha para um caso extraconjugal como atrapalha que necessidades emocionais importantes possam ser

atendidas de forma regular. Assim como a Carol, cônjuges que ficam sozinhos costumam se preocupar com casos de infidelidade e reclamar que se sentem jogados para escanteio. Outra reclamação frequente é de que se tornam emocionalmente desconectados e precisam fazer um esforço para se reconectar quando o cônjuge volta para casa.

A condição elementar da Política de Acordo Mútuo (não faça nada até que a questão seja resolvida) sugeriria que Alan suspendesse qualquer viagem futura até que se chegue a um entendimento único com dupla aprovação. Ele sente que precisa viajar porque se trata de uma necessidade de trabalho, mas e se a empresa na qual ele trabalha deixasse de exigir que ele viajasse? E se ele arrumasse outro emprego?

Alan resolve então conversar com o chefe e explicar que ficar afastado de casa por tanto tempo tem representado uma ameaça para o seu casamento. Fato exposto, ele solicita um cargo em que não seja necessário viajar. O chefe concorda com o pedido, mas acaba cortando 15% do salário dele. Alan e Carol ficam felizes. Aprovam e concordam com a condição do novo cargo, bem como com a necessidade de apertar o orçamento doméstico.

Conflitos relacionados ao gerenciamento financeiro

Cenário #4: Carlos acredita que por ser responsável pela maior parte do rendimento do casal, ele deveria ter o direito de gastar pelo menos parte dos recursos da forma como deseja. Cristina acha que o salário dele pertence aos dois, de modo que ela deve opinar em todos os gastos. Como conciliar as visões de ambos e chegar a um ponto comum que proporcione satisfação e preserve as duas perspectivas?

Enquanto não chegarem a uma solução do tipo ganha-ganha, o Carlos não deve gastar dinheiro sem a aprovação da esposa. Mas isso é exatamente o que ela quer. Portanto, como resolver esse nó se a pré-condição da Política de Acordo Mútuo a favorece? A resposta está em manter o assunto na ordem do dia — assegurando que seja discutido regularmente até que se chegue a uma resolução. A pré-condição da Política de Acordo Mútuo não pode ser aceita como decisão final.

Muitos casais criam um orçamento no qual praticamente todas as despesas domésticas são decididas de forma compartilhada. Mas eles reservam uma determinada quantia para uso discricionário. É exatamente isso que Carlos e Cristina concordam em fazer. Eles determinam que, digamos, R$150,00 podem ser utilizados semanalmente por cada cônjuge sem que haja necessidade de discussão prévia. Alguns itens são descartados de antemão, como cigarros, por exemplo. Quando despesas discricionárias são realizadas, os cônjuges devem informar um ao outro o que compraram.

Conflitos relacionados a filhos

Cenário #5: Para Davi, os filhos devem estar na cama às nove da noite, mas a Kátia pensa diferente e acha que dez horas é um bom horário. Como eles poderiam resolver a situação e ser felizes sem comprometer as perspectivas de cada um?

Davi acha que as crianças devem estar prontas para dormir às nove porque ele deseja ter mais tempo de qualidade para passar com a esposa, e acredita que às dez ambos estarão muito cansados para dar a atenção necessária um ao outro. A Kátia acha que se as crianças forem para a cama às nove elas vão ficar acordadas até as dez ou mais — uma rotina chata para elas.

Até que Davi e Carla cheguem a um acordo duplamente satisfatório sobre a questão, eles concordam em seguir à risca a Política de Acordo Mútuo a ponto de não estabelecer nenhuma regra em relação ao horário que as crianças devem ir dormir. Isso coloca o assunto em pauta. Diariamente, eles passam a trocar mensagens com sugestões de solução para o conflito.

Davi sugere que as crianças devem ser estimuladas a ler ou fazer a lição de casa no quarto delas, não necessariamente dormir, de modo que o casal possa ter mais tempo junto. A Kátia acha essa que isso seria meio estranho. Ela sugere que eles planejem passar mais tempo juntos como se fosse um encontro, longe de casa, logo ao anoitecer. Ela acha que as crianças já têm idade suficiente para cuidar de si mesmas até eles chegarem. O Davi vê a ideia com bons olhos, mas fica imaginando como eles poderiam fazer amor se não estiverem em casa. A Kátia sugere que, se eles chegarem em casa por volta das dez da noite depois do encontro, as crianças já estarão no quarto. Eles podem então dar boa noite a elas e a Kátia estará com vontade de fazer amor porque eles terão acabado de curtir um encontro romântico juntos.

Davi e Kátia ficam entusiasmados e concordam com a ideia de colocar o plano em ação durante quatro noites por semana, nas próximas duas semanas, para ver se funciona da forma como planejaram. Mesmo que Kátia não esteja sempre disposta a fazer amor depois de cada encontro — e o Davi não espera que ela esteja — o fato é que agora eles fazem amor com mais frequência do costumavam antes do plano entrar em ação. Assim, depois das duas semanas iniciais, ambos decidem manter os quatro encontros românticos por semana, às vezes durante o dia e até aos finais de semana, e as crianças podem ficar acordadas até as dez da noite.

Conflitos relacionados a sexo

Cenário #6: Paulo gosta de ter relações espontâneas e não planejadas, enquanto Luciana se sente pega de surpresa a cada vez que ele quer fazer amor. De que maneira conciliar os gostos de ambos sem que a perspectiva de nenhum deles seja alterada?

Tão logo esse conflito é mencionado, a Política de Acordo Mútuo entra em cena, o que significa que não pode haver sexo enquanto eles não chegarem a um acordo de bom grado sobre o problema. Como é claro que nenhum dos dois deseja a vigência de tal medida draconiana, eles concordam em fazer sexo de forma regular e planejada até que a questão seja solucionada.

O problema para a Luciana nem é tanto uma questão da espontaneidade. É que ela precisa estar emocionalmente preparada para a ocasião. Assim como o Paulo também precisa de um certo tempo de preparação. A "espontaneidade" dele começa quando ele imagina que está fazendo sexo com ela antes de irem para a cama juntos, mas ele não revela o que se passa na mente dele. Assim, quando chega a hora de irem para a cama, ele está pronto, mas ela ainda nem teve tempo ou oportunidade para pensar no assunto. Para ela é espontâneo, mas para ele é planejado.

A Luciana também sabe como é ficar fantasiando o dia inteiro, a ponto de ficar com toda a disposição quando chega a hora de irem para a cama. Sexo planejado dá a ela o tempo necessário para se preparar emocionalmente a fim de aproveitar a experiência, assim como Paulo faz.

Após discutirem a realidade do que é preciso tanto para um como para o outro, a fim de extrair o máximo da experiência sexual juntos, eles concordam de maneira entusiástica que, quando um começar a pensar sobre fazer sexo, deve contar ao outro com a maior celeridade possível. Assim, mesmo que não tenham planejado fazer amor naquele dia, se ambos estiverem a fim quando tiverem uma oportunidade, eles farão. O sexo planejado é substituído por uma modalidade de sexo espontâneo que dá aos dois cônjuges o tempo necessário para estar emocionalmente preparados.

COMO ENCONTRAR UM BOM CONSELHEIRO MATRIMONIAL

Escrevi *Os 5 passos do amor* para colocar em suas mãos métodos e ferramentas testados e aprovados por mim quando o assunto é salvar casamentos. Mas mesmo os melhores conceitos e questionários podem não funcionar dependendo da gravidade da situação. Pode ser que você precise do apoio e da motivação que apenas um conselheiro matrimonial profissional pode oferecer. Essa é a razão pela qual fiz questão de enfatizar, ao longo deste livro de exercícios, a necessidade de buscar aconselhamento especializado se os seus esforços não forem suficientes.

O propósito de um conselheiro matrimonial, da forma como vejo, é conduzir você em meio a (1) *campos minados emocionais*, (2) *atoleiros motivacionais* e (3) *desertos de criatividade*.

Os *campos minados emocionais* são as experiências previsíveis, porém altamente dolorosas, atravessadas por casais na medida em que procuram se ajustar às reações emocionais um do outro. Sentimentos de mágoa são os mais comuns, mas depressão, raiva, pânico, paranoia, e muitos outros costumam surgir sem aviso prévio. Essas emoções tiram dos casais a atenção necessária para a criar e o fortalecer o amor, jogando por água abaixo os esforços deles.

Um bom conselheiro matrimonial ajuda casais a contornar muitos desses *campos minados emocionais*, além de estar de prontidão para minimizar danos quando explosões ocorrem. Eles atuam dessa maneira ao compreender os mecanismos de pressão pelos quais os casais passam durante o enfrentamento de crises. Quando um ou ambos os cônjuges são afetados emocionalmente, o conselheiro matrimonial está preparado para diagnosticar e tratar as reações emocionais de forma efetiva. Um bom conselheiro sabe como acalmar um casal e transmitir a certeza de que reações emocionais negativas não representam necessariamente sinal de incompatibilidade incontornável.

Atoleiros motivacionais são sentimentos de desesperança e falta de motivação experimentados por muitos casais. Eles sentem que qualquer esforço para melhorar o casamento não passa de pura perda de tempo. Ao longo dos anos, me dei conta de que uma de minhas maiores contribuições aos casais tem sido justamente o encorajamento nos momentos de escuridão. Meus clientes sempre tiveram a certeza de que — pelo menos o conselheiro deles — sempre acreditou que seus esforços seriam bem-sucedidos. E essa confiança fazia com que eles passassem a acreditar também.

*

O conselheiro matrimonial deve contagiar o casal com a esperança de que tudo dará certo

A desesperança é contagiosa. Quando um cônjuge se sente desmotivado, o outro segue o mesmo padrão. A esperança, por outro lado, geralmente se depara com o ceticismo por parte de um dos cônjuges. De modo que é fácil ficar desencorajado e difícil ter esperança quando se está no meio de uma crise conjugal. Nesse contexto, um conselheiro matrimonial contribui com uma perspectiva realista geralmente ausente nesses casos.

O *deserto de criatividade* é a típica incapacidade dos casais em crise conjugal para encontrar soluções para os seus problemas. Nos livros que escrevi, fiz incontáveis sugestões, mas elas representam apenas a ponta do iceberg. Dependendo das circunstâncias, problemas matrimoniais requerem soluções únicas. Neste manual, coloco mais ênfase no processo que você deve seguir a fim de resolver problemas conjugais do que em estratégias específicas a serem utilizadas. Faço essa distinção porque existem muitas situações que exigem estratégias únicas.

Um bom conselheiro matrimonial é um recurso estratégico. Se é verdade que você pode e deve pensar em maneiras de solucionar seus conflitos conjugais, é igualmente verdadeiro que um conselheiro matrimonial tem a obrigação de resolver problemas como o seu. Eles são pagos para isso! Conselheiros são treinados para encarar problemas matrimoniais recorrentes, tais como incompatibilidade sexual e conflitos financeiros. E podem colecionar um alto índice de sucesso na aplicação de soluções para esses problemas. A estratégia precisa fazer sentido para você. Na realidade, a estratégia deve fortalecer a sua crença de que os problemas logo farão parte do passado.

Para resumir, as três razões mais importantes para buscar um conselheiro matrimonial são (1) ajudar a evitar ou a superar reações emocionais dolorosas inerentes ao processo de resolução de problemas matrimoniais, (2) motivar a completar o plano de restauração do amor e do casamento e (3) ajudar a encontrar estratégias que contribuam para atingir o objetivo.

Problemas matrimoniais são perigosos demais para serem ignorados, e as soluções são muito importantes para serem menosprezadas.

Como marcar a primeira consulta

A internet é um dos meios mais comuns para se encontrar conselheiros matrimoniais. O seu médico ou líder evangelístico também pode lhe ajudar a encontrar esse profissional. As fontes de indicação mais confiáveis são aquelas pessoas que já precisaram de um conselheiro matrimonial e foram bem instruídas para enfrentar e superar os próprios conflitos conjugais. Uma vez que casais costumam ser discretos a respeito dos seus próprios problemas, esse tipo de indicação costuma ser difícil de obter.

※

As fontes de indicação mais confiáveis são aquelas pessoas que já precisaram de um conselheiro matrimonial

Independentemente de quem dá a indicação, é preciso seguir alguns passos para ter a certeza que determinado profissional pode realmente ajudar. E lembre-se de que o bom conselheiro, aquele que realmente atua em favor do casamento, ajuda tanto você quanto o seu cônjuge. Se possível, faça com que seu cônjuge se envolva e participe ativamente do processo de escolha do profissional.

Comece contatando uma clínica por vez e peça para falar com o conselheiro. Esta entrevista inicial não deve ser cobrada. Você deve fazer ao conselheiro algumas destas perguntas:

- Há quanto tempo você atua como conselheiro matrimonial?
- Quais são as suas credenciais (formação acadêmica ou licença profissional)?
- Quantos casais você já aconselhou?

- Qual é o percentual de casais apaixonados ao fim do processo da terapia?
- Você ajuda os casais a evitar abalos emocionais típicos de ajustes matrimoniais?
- Ajuda seus clientes a se manterem motivados para completar o programa de forma bem-sucedida?
- Sugere estratégias para resolver problemas matrimoniais?

Pode ser que você queira acrescentar outras perguntas relevantes. Pode até mencionar ao conselheiro o tipo de problema que está enfrentando. Despois de ler este manual, você provavelmente terá uma percepção mais aguçada em relação ao seu problema do que conselheiros costumam ouvir. Use essa percepção para descobrir se o conselheiro tem a experiência e as competências necessárias para lhe ajudar no seu caso em particular.

Recomendo que você pergunte ao conselheiro se ele estaria disposto a usar os meus materiais para embasar o trabalho dele com você. Pode parecer até um golpe de marketing da minha parte, mas a razão pela qual faço essa recomendação é que eu gostaria que você continuasse firme no meu programa. Existem muitos métodos ineficientes de aconselhamento matrimonial sendo usados por aí. Meu método lida diretamente com o problema e por isso tende a produzir resultados positivos.

Evite a todo custo o tipo de conselheiro que apenas se senta e ouve reclamações dos casais!

Outra recomendação é que escolha um conselheiro que possa se encontrar com você imediatamente. Muitos casais negligenciam este sentido de urgência, mesmo enfrentando uma crise terrível e à beira de um verdadeiro desastre matrimonial. Tempo é vital. Não se deve esperar semanas antes da primeira consulta.

Depois de falar com vários conselheiros matrimoniais ao telefone, anotando tudo o que eles falam, eleja três a serem considerados. Quando você e seu cônjuge se sentirem seguros com um profissional em particular, marque a primeira visita. Não se desfaça das suas anotações, uma vez que o primeiro escolhido pode não funcionar.

Vale o investimento?

Os custos variam muito dependendo dos profissionais. Muitos dos que oferecem preços mais acessíveis, por meio de planos de saúde e empresas de medicina de grupo, podem estar sobrecarregados e indisponíveis por semanas. Além disso, esses profissionais costumam marcar consultas de acompanhamento com intervalos mais longos. Lembre-se de que é importante que você seja visto logo e com frequência. E nem sempre conselheiros estão disponíveis para conversas iniciais ao telefone antes da consulta.

A medicina de grupo pode não cobrir aconselhamento matrimonial, a menos que seja constatado um problema de saúde mental. Nesse caso, o tratamento via aconselhamento matrimonial pode ser custeado, entretanto tal diagnóstico ficará registrado no prontuário, o que pode trazer empecilhos no futuro na hora de arrumar um emprego, por exemplo. Além disso, se você não tiver realmente uma condição de saúde mental, mas foi diagnosticado para se enquadrar no tratamento, a empresa pode contestar o diagnóstico e você poderá ter de acabar pagando a conta. Em caso de dúvida, o melhor a fazer é entrar em contato para obter informações detalhadas sobre coberturas e condições oferecidas pelo plano de saúde em se tratando de aconselhamento matrimonial.

Dessa forma, é possível assumir que você terá que pagar pelo conselheiro de seu próprio bolso. Quanto os profissionais cobram? Independentemente do valor, que varia bastante, é preciso levar em consideração que muitos conselheiros matrimoniais atendem casais em sessões de terapia semanais de uma hora durante os três primeiros meses. É preciso calcular, portanto, com base no número de sessões a serem realizadas durante este período. Alguns trabalhos de aconselhamento podem se estender com sessões semanais por até dois anos. Nesse caso, é necessário considerar custos em uma perspectiva de longo prazo.

Seja qual for o valor estipulado — que pode parecer uma pequena fortuna — o custo de um divórcio costuma ser incomparavelmente mais alto. E não há nada que se compare à qualidade de vida proporcionada por um casamento saudável e equilibrado. Se você e seu cônjuge se amarem e atenderem às necessidades emocionais um do outro, vocês serão capazes de viver sem muitas outras coisas e ainda ser felizes. Além disso, ainda falando sobre a parte financeira, eu constatei que as pessoas tendem a ganhar mais e a poupar mais quando problemas conjugais são resolvidos, dando lugar à estabilidade. O dinheiro gasto para resolver problemas conjugais é um dinheiro bem investido.

∗

Há quem ache o serviço caro, mas os custos e as perdas de um divórcio são muito mais altos

O que esperar na primeira sessão (tomada de informações)

Se possível, veja o conselheiro em uma clínica ou consultório especializado. Uma recepcionista deve estar presente, e a sala de espera deve ser agradável e relaxante. Registre-se na mesa ao chegar, e pedirão que você forneça dados para preenchimento de fichas e contratos. Leia-os com calma e atenção. Pode ser que peçam para você completar fichas relativas a seguro também.

A maioria das sessões de "uma hora" tem na verdade 50 minutos. Dez minutos são tomados pelo conselheiro para completar anotações e se preparar para a próxima sessão. Eu particularmente sempre procurei cronometrar minhas sessões de forma justa e agir de forma flexível e com consideração pelos participantes ao final de cada hora. Muitas vezes me peguei dando ao casal um tempo adicional de 15 minutos para que pudessem se recompor. Por isso sempre reservei alguns minutos para intervalo entre uma sessão e outra.

É importante que o seu conselheiro seja pontual. Embora muitos possam se atrasar uma vez ou outra, esses atrasos não devem configurar um padrão. Seu tempo é importante e não pode ser desperdiçado esperando pelo conselheiro. Reclame se atrasos se tornarem frequentes.

O objetivo da primeira sessão é se familiarizar com o conselheiro. Ele não conseguirá descobrir a solução para o seu problema logo na primeira sessão, mas você já terá condições de determinar o quão confortável e confiante se sente em relação ao profissional. Se você ou o seu cônjuge tiverem uma reação negativa ao estilo ou forma de trabalhar do conselheiro, parta em busca de outro. O conselheiro deve inspirar e, se isso não acontecer, vocês estarão perdendo o seu tempo. A maioria dos conselheiros matrimoniais atende os cônjuges juntos na primeira sessão. Eu faço diferente. Prefiro atender cada um individualmente por 15 minutos, de modo que eu possa absorver a perspectivas de cada um. Além disso, já vi muitas brigas acontecendo ao atender casais juntos pela primeira vez. Para seu conforto e segurança, recomendo que você converse com o seu conselheiro separadamente, pelo menos por alguns minutos, durante a primeira sessão.

✱

*O objetivo da primeira sessão
é se familiarizar com o conselheiro.*

O conselheiro vai perguntar o motivo de você o ter procurado e você deve responder que está à procura de ajuda para restaurar o amor e o casamento. Quando ele lhe pedir para explicar melhor, diga que ambos desenvolveram hábitos que machucam um ao outro, e que você deseja criar hábitos mais construtivos. Que vocês querem aprender a atender às necessidades emocionais um do outro e que desejam evitar ser a causa da infelicidade do cônjuge. Vá em frente e continue explicando que quer um conselheiro que ajude a atingir esses objetivos.

Ao final da sessão, ele pedirá que você preencha fichas para poder avaliar seu problema matrimonial. Eu normalmente utilizo o Inventário de Personalidade Multifásica de Minnesota, um questionário de histórico pessoal, meu Questionário de Hábitos Destruidores do Amor, além de meu Questionário de Necessidades Emocionais — os dois últimos presentes neste manual. Para economizar tempo e fornecer o máximo de informações, você pode passar ao conselheiro cópias dos formulários já preenchidos neste manual. Se o conselheiro não utilizar formulários para a avaliação dele, utilize os que você preencheu neste livro de exercícios para ajudar a determinar objetivos e estratégias, bem como a evolução.

Procuro agendar a segunda consulta para no máximo uma semana depois. Se possível, quero ver o casal dentro de poucos dias. Isso porque eles geralmente estão sofrendo muito por causa dos problemas que estão enfrentando e precisam de alívio o mais rápido possível. A primeira sessão é insuficiente para dar qualquer tipo de direcionamento. Com tão pouco contato não é possível saber muito ainda. O aconselhamento vem após a primeira sessão, depois de eu ter tido a oportunidade de ler e de investigar os formulários preenchidos pelos cônjuges.

O que esperar da segunda sessão (contato com a realidade do casal)

O objetivo da segunda sessão é avaliar a ficha preenchida pelos cônjuges e planejar uma estratégia para resolver os problemas matrimoniais. Como é impossível fazer isso em apenas uma hora, essa sessão voltada à estratégia deve levar de duas a três horas.

O conselheiro deve conversar separadamente com você e seu cônjuge por pelo menos parte desse tempo. Quando o conselheiro expor o plano dele, você precisa conseguir se expressar de forma espontânea, e a presença do seu cônjuge pode comprometer a naturalidade das suas reações. Ao final da sessão, entretanto, ambos devem estar juntos para concordar formalmente com o plano descrito cuidadosamente por escrito. Eu faço com que os casais assinem concordando com o plano antes de irem embora.

Não tem sentido iniciar o tratamento antes que o plano de tratamento seja definido e aprovado. Conselheiros desorganizados geralmente recebem clientes por várias semanas antes de decidir como irão proceder. No transcorrer desse tempo muita coisa já aconteceu e a motivação para enfrentar o problema é postergada a até a próxima crise. O casal acaba abandonando a terapia na mesma situação ou pior do que quando chegou. Para evitar esse fim trágico, o conselheiro precisa se concentrar em um plano de tratamento imediatamente, enquanto o casal ainda está motivado a fazer algo para resolver o problema deles.

Se o seu conselheiro disser que precisa de várias sessões para poder criar um plano de tratamento, fique ligado. Explique que mesmo que o plano inicial tenha que ser revisado durante o tratamento, é sempre melhor começar com um plano do que com plano nenhum. Não se trata apenas de vontade de começar logo. Existe o risco de você e seu cônjuge perderem motivação caso haja morosidade. A maioria dos casais que busca aconselhamento matrimonial o faz depois de reunir muita coragem e disposição, de modo que não faz sentido ficar esperando por um plano de tratamento. Ao chegar até um conselheiro depois de ter lido e trabalhado em pelo menos parte deste livro de exercícios, você terá condições de expressar seus objetivos de uma maneira muito mais clara do que ele está acostumado a ouvir de outros casais. Por conta disso, a tarefa de criar um plano de tratamento será facilitada.

*

É fundamental que o plano de tratamento seja apresentado já na segunda sessão

Ao final da segunda sessão, o ideal é que você não apenas conheça o plano de tratamento, mas que já saia do consultório com a primeira tarefa dada. O valor de um trabalho de aconselhamento matrimonial está naquilo que você conquista entre as sessões, não necessariamente no que você conquista durante cada sessão.

Uma das suas primeiras tarefas deveria ser passar — e registrar — 15 horas dedicando atenção exclusiva um ao outro. A maior parte das outras tarefas será realizada durante essas horas. O tempo reservado para dedicar atenção ao outro precisa ser cuidadosamente protegido, porque é fácil deixar que os imprevistos invadam o período que deveria ser destinado à intimidade do casal, comprometendo o tempo voltado à resolução dos problemas matrimoniais.

Pode ser que você consiga levar o plano de tratamento adiante por conta própria. Talvez você queira apenas aconselhamento profissional em relação à estratégia para resolver os problemas. Se campos minados emocionais e atoleiros motivacionais não representarem uma ameaça para o seu casamento, você precisará da experiência de um conselheiro apenas para buscar a solução para problemas que você não conseguiria encontrar por conta própria. Se for esse o caso, marque mais uma consulta em uma ou duas semanas para assegurar que você está conduzindo o plano sem que haja necessidade de ajuda adicional. Se não conseguir evoluir atuando por conta própria, solicite mais sessões ao seu conselheiro.

O que esperar durante o tratamento

As sessões de aconselhamento seguintes serão ancoradas no plano que marido e esposa concordaram em seguir. A cada semana cada um deve comunicar seus fracassos e sucessos ao conselheiro. Estes altos e baixos conduzem o casal em meio aos campos minados emocionais, atoleiros motivacionais e desertos de criatividade. Se o conselheiro for realmente bom para o seu caso, você passará a gostar dele e a respeitá-lo cada vez mais com o passar do tempo. Você verá seu casamento melhorar de forma gradual. Algumas semanas serão extasiantes, enquanto outras serão insuportáveis.

É comum que os casais passem por episódios de crise entre as visitas, e isso requer a mediação do conselheiro. Eu geralmente me coloco à disposição para que os casais possam me acessar no escritório ou até em casa em se tratando de emergências, porque, afinal, trata-se de casais em tratamento de crise conjugal. Às vezes, a mensagem ou telefonema é apenas para esclarecer dúvidas referentes às tarefas, mas também já atendi ameaças de suicídio, brigas, discussões violentas e até ameaças graves que precisaram ser refreadas de forma imediata. Se começo a receber muitas chamadas de um casal, passo a marcar suas consultas em intervalos menores.

Você e seu cônjuge são as pessoas mais indicadas para decidir se desejam continuar ou terminar o tratamento. Eu geralmente utilizo o sucesso do plano de tratamento como parâmetro para determinar como e quando dispensar a necessidade de continuidade com o passar do tempo. Eu os vejo uma vez por semana no começo, duas vezes por mês quando ingressam em uma rota mais estável, e uma vez por mês quando se aproximam do final. E não é incomum que muitos casais retornem após seis meses ou um ano para checagem de status.

※

Com o tempo, a compreensão ganha terreno e as consultas ficam mais espaçadas

Os homens normalmente querem sair da terapia o quanto antes, mesmo nos casos em que foram eles que tiveram a iniciativa de procurar ajuda profissional. Eles não gostam muito da ideia de dar satisfação a alguém sobre o comportamento deles, e meu papel como conselheiro é garantir que eles sigam tudo aquilo que prometeram. Um marido normalmente concorda com qualquer coisa que seja capaz de trazer sua esposa de volta, mas, uma vez que ela retorna, ele volta a praticar os velhos hábitos. Levando em conta esse tipo de problema recorrente, convém não abandonar a terapia até que ambos concordem plenamente que já é o momento de colocar um ponto final. Se um dos dois desejar manter a porta aberta por segurança, deixe uma visita programada por mês, ou até menos, no caso de problemas voltarem a acontecer.

Ao final, você e seu cônjuge estarão muito apaixonados e conectados. Eu faço com que casais repitam meu teste de amor a cada poucas semanas, para que eu possa ter certeza de que eles continuam no caminho certo. Pode ser que você queira fazer algo parecido para medir o sucesso do seu programa. Mas, quando você ama e é amado, um teste de comprovação se torna algo totalmente desnecessário!

Direção editorial
Daniele Cajueiro

Editor responsável
Omar Souza

Produção editorial
Adriana Torres
Júlia Ribeiro
Allex Machado

Revisão de tradução
Fernanda Lutfi

Revisão
Luiza Miranda

Diagramação
DTPhoenix Editorial

Este livro foi impresso em 2022
para a Novo Céu.